体育师范生
微格教学
实践与案例选编

主　编　宋迎东
副主编　王亮华　陈利和　万先进

江西高校出版社
JIANGXI UNIVERSITIES AND COLLEGES PRESS

图书在版编目（CIP）数据

体育师范生微格教学实践与案例选编/宋迎东主编；
王亮华,陈利和,万先进副主编.--南昌:江西高校出版
社,2023.11（2025.1 重印）
ISBN 978 - 7 - 5762 - 4260 - 7

Ⅰ.①体… Ⅱ.①宋… ②王… ③陈… ④万…
Ⅲ.①高等师范教育—体育教育—师资培养—研究
Ⅳ.①G807.4

中国国家版本馆 CIP 数据核字（2023）第 203088 号

出 版 发 行	江西高校出版社
社 址	江西省南昌市洪都北大道 96 号
总编室电话	（0791）88504319
销 售 电 话	（0791）88522516
网 址	www.juacp.com
印 刷	三河市京兰印务有限公司
经 销	全国新华书店
开 本	700mm×1000mm 1/16
印 张	13
字 数	210 千字
版 次	2023 年 11 月第 1 版 2025 年 1 月第 2 次印刷
书 号	ISBN 978 - 7 - 5762 - 4260 - 7
定 价	68.00 元

赣版权登字 -07 -2023 -748

在英国,微格教学得到了教师们的支持,该课程的每部分都引起了教师的广泛兴趣。微格教学课程通常被安排在第四学年,学生在教育实习前先学习"微格教学概论""课堂交流技巧"的理论和实践,及"课堂交流与相互作用分析"。微格教学课程共安排42周,每周5学时,共计210学时。师范生接受了微格教学训练后,再到各中学进行教育实习。20世纪70年代初,澳大利亚悉尼大学教育学院注意到微格教学对师范教育和在职教师进修的促进作用,在初步实践的基础上,由国家投资进行了微格教学课程的开发,并编写出版了一套(共5册)《悉尼微格教学技能》教材,在国内外引起了强烈反响,并得到广泛推广。经进一步应用实践,悉尼大学微格教学项目小组又将第一、二分册重新编写,并于1983年出版。教材中的培训技能有强化技能、基本提问技能、变化技能、讲解技能、导入和结束技能及高层次提问技能,对于以上六项技能还配以完整的录像示范资料,使微格教学培训课程更加生动、有效。

微格教学在发展过程中,吸收了许多新的教育思想和方法,使之不断系统化并日趋完善。譬如,美国著名教育心理学家布鲁姆的"教育目标分类"和"掌握学习"理论,加涅的"学习的条件""学习的分类"等学习与教学的著名原理,均为微格教学中教学目标的制定、教学技能的划分、教学设计的思想方法提供了理论基础和依据。弗朗德的"师生相互作用分析"为分析教师教学和学生学习行为提供了记录范畴和分析方法。录像机、电子计算机等教育新媒体的运用,为行为的记录和分析创造了更为理想的条件。目前,许多国家不仅已将微格教学列为师资培训的必修课程,而且还应用于其他教育类别的技能训练中,如职业技术教育、特殊教育、医学、军事、体育、戏剧、舞蹈等,并获得了良好的效果。

四、微格教学的作用

微格教学具有理论联系实际、目的明确、重点突出、反馈及时、自我教育、利于创新、心理压力小等优点,容易被受训者接受。而且,微格教学培训是在微型课堂中进行的角色扮演。其过程是在事前对微格教学理论进行学习和研究,确定培训技能后,又在观看了教学示范录像的基础上,编写教案,然后进行微格教学实践。在教学实践的过程中用现代化手段准确记录教学实况,再经过重放录像、自我分析和讨论评价后,对教案进行修改。如果微格教学实践中存在的问题较多,还可以再反复进行实践,直到达到预期的效果。这些过程都为受训者提高教学技能创造了和谐的氛围和条件。微格教学还具有以下方面的作用：

（一）完善和丰富了培训内容

多年来，师范院校对未来的教师进行职前的技能训练，主要措施是开设教学法课程。然而，传统的教学法在培训师范生教学技能方面，目标笼统、不具体，师范生不能很好地掌握这些技能。微格教学让学生感到有兴趣、有意义、有价值，而且容易学习。微格教学训练目标的完成，是通过具体的内容细节和实际的操作步骤进行的。而且，对这些细节和步骤的了解和掌握，是通过受训者亲自参与实践活动来实现的，培训内容具体、有效。

（二）培训方法科学合理

传统的培训方法主要是通过教师的言传身教，使师范生理解教学、学习教学，但由于言传身教的粗略性和随意性，使师范生很难把握教学的原理和原则。而微格教学则将日常复杂的课堂教学分解简化，创造出一种可操作、易重复、易观测的教学环境。师范生在学习、把握教学时，不再仅靠心领神会，而是通过不断学习、实践，不断改进来进行。同时，微格教学按照人类行为形成的规律来设计整个教学过程。它的训练前提是：人类行为的塑造和改进，是一个逐步实现或达到的过程。一个从未登过讲台的人，必须经过多次反复的训练，才能培养成为一个训练有素的职业教师。

（三）理论联系实际

微格教学把传统的以理论灌输为特点的教师培训，改变为以技能训练为主体的教师培训，这就抓住了提高教师教学能力的关键。但是，微格教学的技能训练并没有脱离理论的指导。培训对象在学习每一项教学技能的开端，都要学习有关的理论，在微格教学的每一个步骤中，都有教育专家或专职教师的理论指导，这就使技能更容易与教学理论相结合。

（四）真实反馈与过程的有效调控

微格教学把传统的以脑记、笔录为主要根据的反馈，改变为以摄像、放像为主要手段的反馈，为技能评价提供了真实而全面的反馈信息。有了这种反馈信息就可以非常客观、准确地评价，使评价更为有效。在此基础上，被评价者可以提出更好的改进措施，以调控自己的教学行为，迅速地掌握教学技能。总之，微格教学实践能够更快更好地促进教师课堂教学能力的提高，促进教师尽快从"生手型"变成"熟手型"教师，并向专家型教师发展。

第二节　微格教学的组织实施

微格教学是一项细致的工作,要有效地提高教师的教学技能,关键是要紧紧抓好微格教学全过程所包含的理论学习、示范观摩、编写教案、角色扮演、反馈评价和修改教案等环节。这些环节环环相扣、联系密切,削弱其中任何一个环节,都会影响培训的效果。我们应针对被培训者的实际情况,落实每一个实施步骤。

一、理论学习和辅导

在微格教学实践和发展的过程中,融入了许多新的教育观念、教育思想和方法,如布鲁姆的"教育目标分类学"及"掌握学习法",弗朗德的"师生相互作用分析"理论。具体实践中又有美国爱伦教授的双循环式和英国布朗教授的单循环式等。

微格教学培训是一种全新的实践活动,也有其深刻的理论基础,因此,学习和研究新的教学理论是十分必要的。理论辅导的内容包括:微格教学的概念、微格教学的目的和作用、学科教学论、各项教学技能理论。理论研究和辅导阶段要确定好教学的组织形式。通常在学习教学理论时,导师以班级为单位做启发报告,讨论和实践则以小组为单位。小组成员以 6 人左右为宜,最好是同一层次的教师或师范生。指导教师要启发小组成员尽快相互了解,对所研讨的问题有共同语言,互相成为"好朋友"。

二、教学技能分析

微格教学的研究方法就是将复杂的教学过程细分为单一的技能,再逐项培训。导师可以根据培训对象的不同层次和需要,有针对性地选定几项技能。一般说来,对于师范生和刚踏上讲台不久的青年教师来说,经过微格教学实践可以及早掌握教态、语言、板书等方面的基本技能;对于有一定教学经验的教师,可以通过微格教学实践,深入探讨较深层次的技能,有利于总结经验、互相交流、共同提高教学能力,以达到提高教师整体素质的目标。在技能分析和示范阶段,导师要做启发性报告,分析各项技能的定义、作用、实施类型、方法及运用要领、注意点等,同时将事先编制好的示范录像给学员观看。

三、组织示范观摩

针对各项教学技能,提供相关的课堂教学片段,组织学生进行示范观摩。

观看录像后经过小组成员讨论分析,取得共识。这样,学员不仅获得了理论知识,而且有了初步的感知。

(一)观摩微格教学示范录像

1. 教学示范录像片段的选择。在选择示范录像时要遵循两条原则,一是水平要高,二是针对性要强。示范的水平越高,学员的起点就越高;针对性越强,该技能的展现就越具体、越典型。

2. 提出观摩教学示范录像片段的要求。在观看示范录像片段时,指导教师要先提出具体要求,明确目标,突出重点,边观看边提示。提示时要画龙点睛,简明扼要,不可频繁,以免影响学员观看和思考。

(二)组织学习、讨论、模仿

1. 谈学习体会。各自谈观后感:哪些方面值得学习;对照录像,检查自己的教学与其存在哪些差距。师范生注重前者,在职教师注重后者。

2. 集体讨论。重点交换各自的意见,在要学习的方面达成共识。指导教师也要参加讨论,重点指导。

3. 要点模仿。示范的目的是让受训者进行模仿。许多复杂的社会型行为,往往都能通过模仿而获得。实际上,受训者在观看录像时,就已渗透着模仿的意义。这里讲模仿,主要是在指导教师的指导下进行重点模仿。此外,指导教师的亲自示范或提供反面示范,对学员理解教学技能也会起到十分重要的作用。

四、指导备课

(一)组织学员钻研某项教学技能

1. 充分备课,熟悉教材。熟悉教材是至关重要的,如果对教材理解不透彻不深入,甚至出现片面性或错误,就无法体现教学技能。

2. 根据指定教材,针对某项教学技能进行钻研。在熟悉教材的基础上,重点应该考虑教学技能的运用。要正确运用教学技能,对该教学技能的钻研是先决条件,指导教师要正确引导学习者钻研教学技能的理论,联系教材,把理论应用于实践。

(二)学员备课

1. 在钻研指定教材和该项教学技能的基础上,编写出教案。

2. 在指导教师的指导下,交流备课情况,取人之长,补己之短。

3. 对在职教师和师范生要求有区别。钻研教材,熟悉教材,理解教材,并结合教学技能备课,对在职教师来说,问题不是很大,但对在校的师范生来说,则是一个比较大的问题。师范生应先接受教学基本理论和教材分析的培训。指导教师在给他们指定教材时,还要对教材进行适当的分析,以帮助师范生正确理解教材,从而结合教学技能的运用进行备课。

五、角色扮演

(一)角色扮演的意义

角色扮演是微格教学的中心环节,是受训者训练教学技能的具体教学实践活动,在活动中每个受训者都要扮演一个角色,进行模拟教学。这样做,改变了传统的"老师讲、学生听"的教学模式,给受训者以充分的实践机会,从而使师资培训工作上了一个新台阶。

(二)角色扮演的要求

要求主要有两个方面:一方面,扮演"教师"者要真实,按照自己的备课计划,在有控制的条件下,训练教学技能;另一方面,扮演"学生"者要充分表现学生的特点,自觉进入特定情境。另外,在角色扮演过程中,任何人不要打断"教学",让"教师"去处理教学中的"麻烦",技术人员在拍摄过程中,不能对"教师"提出约束条件。

培养教学技能,必须通过真实的练习与训练,否则就难以形成技能。微格教学中的角色扮演,给学生提供了上讲台的机会,使他们能把备课时的设想和对单项技能的理解,通过自己的实践表现出来,同时进行录像。师范生由原来的被动听课者变为教学活动的参与者,充分发挥了学生的主体作用,体现了微格教学的优势。

在微格教学实习室内,有教师、学生和摄像人员。教师由接受培训的学员轮流担任,学生也由学员扮演。每节微格教学课的时间控制在10分钟左右。为了使"角色扮演"的效果更佳,微格教学实践应该注意以下几点:

1. 在角色扮演前,指导教师要向师范生说明有关角色扮演的规定。

2. 除了执教者和学生以外,减少模拟课堂上其他无关人员的数量,这样当执教者面对摄像镜头时,能减少紧张情绪。

3. 扮演"教师"者要把自己当成一个"纯粹"的教师,要把自己置身于课堂教学的真情实境之中,一切按照备课计划有控制地进行教学实践活动,训练教学技能。

4.扮演"学生"者要充分表现学生的特点,自觉进入特定情境。有时也可以让学员扮演一位常答错题的学生,以训练执教者的应变能力。"学生"最好是执教者平时的好朋友,这样初登讲台的执教者能获得一种安全感。

六、反馈评议

反馈评议阶段,首先由执教者将自己的设计目标、主要教学技能和方法、教学过程等向小组成员进行介绍,然后播放微格录像,全组成员和导师共同观摩。观看录像后进行评议,可以由执教者本人先分析自己观看后的体会,检查事先设计的目标是否达到,及自我感觉如何;再由全组成员根据每一项具体的课堂教学技能要求进行评议。评议过程由以下三个环节构成:

(一)学员自评

1.照镜子、找差距。由教师角色扮演者分析技能应用的方式和效果,看是否达到预期目标。

2.列出优、缺点。肯定成绩,找出不足之处。如果自己认为很糟、非常不满意,可以申请重新进行角色扮演和录像。指导教师可根据条件和时间,决定是否重录,尽量做到不挫伤学员的积极性。

(二)组织讨论、集体评议

评议时应以技能理论做指导。分析优、缺点,进行定性评价;

根据量化评价表给出成绩,进行量化评价;

提出建设性意见,指出如何做才可能会更好。指导教师要注意引导,营造一种学术讨论的氛围。

(三)指导教师评议

学习者对指导教师的评价是十分重视的,指导教师的意见举足轻重。因此,指导教师的评价应尽量客观、全面、准确。对于扮演者的成绩和优点要讲足,缺点和不足要讲准、讲主要的。要注意保护学习者的自尊心和积极性,要以讨论者的身份出现,讨论"应该怎样做和怎样做更好",这样效果会更好些。

七、修改教案,反复训练

(一)学员修改教案

根据本人录像,参考技能示范录像和技能理论,对照评议结果,针对不足之处,由学员自己修改教案。

（二）进行重教

根据评议情况,学员进行第二次实践,重复上述过程。

（三）再循环或总结

是否再循环,可以根据培训对象的具体情况及课时安排而定。当然,在课堂教学过程中,各项技能是交织在一起的,任何单项的教学技能都不会单独存在。如培训导入技能,重点研究导入的方式、新旧知识的联系、情境的创设等问题。但导入过程必然用到语言技能,还可能用到提问、板书、演示等技能,只是对这些技能暂不考虑,只重点考虑导入技能的应用情况。因此,当各项教学技能都经过训练并达到一定水平以后,指导教师应安排学习者进行各项技能的综合训练,也只有对教学技能进行综合训练,才可能最终形成教学能力。

思考与练习

1. 什么是微课教学?

2. 微课教学的作用有哪些?

3. 微格教学实践包括哪些内容?

第二章　体育教学技能的含义及分类

[内容提要]

　　教学技能是教师必备的教育和教学技巧,它对取得良好的教学效果和实现教学的创新具有积极的作用。本章主要概述了教学技能的含义、特点以及具体的分类。

第一节　体育教学技能的含义

一、关于教学技能的几种学说

　　关于教学技能的概念众说纷纭,人们从不同的视角来审视它,以不同的范畴表达它,在不同的层次上运用它。在对教学技能众多的界定中,主要概括为4个学说:行为说、活动方式说、结构说、知识说。

　　(一)行为说

　　行为说认为,教学技能是指在课堂教学中教师运用专业知识及教学理论促进学生学习的一系列行为方式。体育教学技能是课堂教学过程中,体育教师完成某种体育教学任务所采用的一系列行为方式。这种教学技能观以行为主义心理学为依据,用外显的行为来界定教学技能,将教学技能视为可描述、可操作、可观察、可分解和可测量的教师外显教育行为,这为教学技能的有效训练提供了客观依据。其客观性值得肯定,操作性值得借鉴。但教师的行为是一个复杂的过程,它不仅具有外显的一面,也具有内隐性和观念性的一面,如教学内容的选择与编制技能就有内隐性和观念性的一面。因此,行为说在教学技能的训练方法上必然导致机械的模仿和重复练习。

　　(二)活动方式说

　　活动方式说强调教学技能是为了达到教学上规定的某些目标所采取的一

種極為常用的、有效的教學活動方式。這種觀點借鑒了認知心理學關於技能的

定義。這種教學技能在教學活動中具有具體活動的程序性和順序性,但這種

"活動方式"的觀點仍然是以外顯的教學技能來實現,將教學技能視為活動方式

或動作方式。而在教學活動中需要有大量的心智技能時不能用活動方式來表

達,從而未能揭示心智技能與知識的本質聯系。因此,活動方式說在技能訓練

方法上仍然容易導致低水平重復練習,難以形成藝術化的教學風格。

(三)結構說

結構說是以結構主義為依據。結構主義是認知心理學派中的一個分支,結

構主義理論的內容很豐富,對其指導教學實踐的核心內容可以概括為:以學生

為中心,強調學生對知識的主動探索、主動發現和對所學知識意義的主動構建。

持該觀點的斯諾認為"教學技能是由與行為及認知有關的事項的結構系列組

成"。這種觀點試圖將外顯行為與認知活動方式整合起來,由單純強調外顯行

為轉向注重外顯行為與認知因素二者的結合,相比前兩種學說更全面科學,強

調了教學技能結構中各因素的相互聯系。但這種觀點只描述了教學技能的構

成要素,沒給教學技能以明確界定,難以指導教學技能訓練。

(四)知識說

知識說借鑒當代認知心理學理論對知識的劃分,將教學技能納入知識範

疇。在認知心理學廣義知識觀中,將動作技能、智慧技能和認知策略都視為程

序性知識。這種觀點看到了知識與技能的一致性,認為教學技能即關於教學的

程序性知識,這對技能心理機制的揭示有積極意義。但它混淆了知識與技能的

概念,過分強調內部的認知結構,忽視技能的外顯屬性,難以說明技能的本質特

征,並導致對教學技能訓練的否定。

以上四種觀點各不相同,卻都將教學技能視為教師的教學行為或活動方

式,並與教育心理學關於技能的界定相一致,都有存在的價值性和合理性。關

於教學技能的含義,確切地說是指教師在教學中順利地達成教學目標的一系列

有效的行為方案,是智力技能與動作技能的綜合體現。智力技能是指借助內部

言語在頭腦中實現的認識活動方式,動作技能則是指通過練習鞏固下來的、自

動化的、完善的動作活動方式。

二、體育教學技能的定義

綜合教學技能的幾種觀點,依據體育教學的特點,我們可以將體育教學技

能定义为:体育教学技能是指教师在课堂教学过程中,依据教学理论,运用专业知识及教学经验,促进学生掌握基本知识、基本技术、基本技能的一系列教学行为方式。

体育教师要想成功地进行教学,不仅需要深厚的理论知识和娴熟的动作技术水平,还必须具备过硬的专业教学技能。从这个意义上来讲,体育教学技能就是体育教师职业的核心竞争力。如果一名体育教师不能掌握这些基本的教学技能,就不能胜任体育教学工作,更不可能成为一名真正合格的专业体育教师。

第二节　体育教学技能的特点、分类

一、体育教学技能的特点

(一)体育教学技能具有目标指向性

体育教学是一项计划性强、目标明确的活动,不同的教学技能是与不同的教学目标联系在一起的。如:导入技能是为了吸引学生的注意力,激发学生学习的兴趣,启发学生的思维,使他们明确每一节课的学习目的和任务;示范技能是为了给学生建立正确的动作表象,在头脑中形成直观的印象,培养学生分析问题和解决问题的能力,提高学生的审美艺术素质;讲解技能是为了帮助学生形成正确的动作概念,掌握动作的原理和规律,认识交流的本质等。因此,在教学的不同阶段要有不同的教学技能与之相适应,才能顺利完成教学任务,达到教学目的。因此,体育教学技能具有明确的目标指向性。

(二)体育教学技能以知识、技能为凭借

体育教师技能水平的高低,在很大程度上受制于教师所掌握的知识、运动技术技能和拥有的教学经验。一名合格的体育教师,不仅要掌握教育学、教育心理学、学校体育学、体育教学论等专业理论知识和方法,还要掌握运动技术和运动技能。例如,在篮球教学中,教学生"单手肩上投篮",教师不仅要明确投篮在篮球运动中的地位和作用以及投篮的概念和特点,还必须掌握投篮技术动作,再通过各种教学技能帮助学生学会单手肩上投篮。因此,在进行教学技能训练之前,认真学习有关的理论,提高自身运动技术和技能水平是很有必要的,

体育教学技能必须以知识、技能为凭借。

（三）体育教学技能是一种习得性行为

教学技能不是先天就有的，而是一种后天性行为，是通过后天的学习与训练所获得的。无论是跑步健身还是打球、游泳，都不是先天就会的。教学技能的获得，不仅受教师本人教学经验及水平的限制，更与受训者学习与训练的程度及时间长短相关。教学技能不是自发地、随时间的推移而自然产生的，它就像掌握一种特殊的运动技能一样，需要长时间不断地、系统地、特殊地训练和强化。因此，体育教学技能是后天获得的，是一种习得性行为。

（四）体育教学技能具有可操作性、可模仿性和可分解性

不同的教学技能所具有的内涵和具体结构是不同的，但所有的教学技能都具有可操作性的特点，都包含并应遵循特定的规则或运作程序。因此，不同的教学技能都可以分解为具体的行为方式和步骤加以训练和模仿。教学技能的这一特点使得教学技能的系统训练变为可能，变得更加容易，而不是无从着手，无章可循。

二、体育教学技能的分类

（一）教学技能的分类

教学技能分类的方法很多，其分类依据主要有教学程序、教学活动和信息传输等方式。各国之间存在着很大的差异，由于文化背景不同，不同的国家教学技能分类的目的和角度不同，因此有着不同的分类思想和分类方法。

目前，对教学技能分类存在两种观点：一种观点认为，应按教学场面来对教学技能进行分类，即把教学分为不同的课型，在不同的课型上教师采用不同的教学技能，这是一种宏观的分类方法；另一种观点则认为，应按教师应具备的职业技能进行分类，这种职业技能应适应于各种教学场面，而且还要把在各种教学场面中的教师教学行为细分为各种具体的教学技能，即把各种课堂中教师的教学行为分解为不同的构成要素，把最主要的若干要素抽出来定为不同的教学技能。这种教学技能的分类方法已成为教学技能分类的主流。根据查阅的相关资料，国外理论研究对教学技能的分类比较有影响的有以下几种模式：

1. 英国安德鲁·特洛特：（1）变化技能；（2）导入技能；（3）强化技能；（4）提问技能；（5）例证技能；（6）说明技能。

2. 美国斯坦福大学：（1）导入技能；（2）变化技能；（3）总结技能；（4）非语言

性启发技能;(5)调动学生参与的技能;(6)频繁提问的技能;(7)探索性提问的技能;(8)高层次提问的技能;(9)分散性提问的技能;(10)确认的技能;(11)例证的技能;(12)运用资料的技能;(13)有计划地重复的技能;(14)交流的完整性的技能。

3.澳大利亚悉尼大学:(1)强化技能;(2)变化技能;(3)讲解技能;(4)导入与结束技能;(5)一般提问技能;(6)高层次提问技能;(7)课堂管理和组织技能;(8)小组讨论指导技能;(9)个别指导技能;(10)发现法指导及创造力培养技能。

4.日本东京学艺大学:(1)导入技能;(2)变化技能;(3)展开技能;(4)总结技能;(5)例证技能;(6)确认技能;(7)演示技能;(8)板书技能;(9)提问技能。

5.印度K·萨蒙帕等:(1)变化技能;(2)导入技能;(3)结束、总结技能;(4)复习技能;(5)一般提问技能;(6)探索提问技能;(7)讲解技能;(8)例证和实例的技能;(9)板书技能;(10)组织技能。

6.中国香港中文大学:(1)变化技能;(2)相互交流技能;(3)一般提问技能;(4)例证和实例的技能;(5)组织技能。

7.中国北京教育学院:(1)导入技能;(2)教学语言技能;(3)提问技能;(4)讲解技能;(5)变化技能;(6)强化技能;(7)演示技能;(8)板书技能;(9)结束技能;(10)课堂组织技能。

国家教委于1994年下发的《高等师范学校学生的教师职业技能训练大纲(试行)》中,把教学技能分为五类:教学设计技能、使用教学媒体技能、课堂教学技能、组织和指导课外活动技能、教学研究技能。

在课堂教学技能中,主要设定了9项基本技能:(1)导入技能;(2)板书板画技能;(3)演示技能;(4)讲解技能;(5)提问技能;(6)反馈和强化技能;(7)结束技能;(8)组织教学技能;(9)变化技能。

我国各地、各学科教学对教学技能分类也不一致,在教学实践中,微格教学指导教师经常用到的教学技能设定为11项,即:(1)导入技能;(2)结束技能;(3)教学语言技能;(4)讲解技能;(5)提问技能;(6)强化技能;(7)板书技能;(8)演示技能;(9)变化技能;(10)组织技能;(11)备课技能。

综合上述分析,从对课堂教学技能不同的分类中可以看出,都包含了以下这7项基本的教学技能:(1)导入技能;(2)讲解技能;(3)提问技能;(4)板书技能;(5)变化技能;(6)技术技能;(7)课堂组织技能。

（二）体育教学技能的分类

体育教学技能的分类对于教学技能训练至关重要,只有对体育教学技能进行科学、系统的分类,才能确保体育教学技能培训的目标更为明确、集中、便于掌握,使教学技能评价更富有针对性,更好地发挥微格教学的优势,提高体育教育专业学生的体育教学技能水平。体育教学技能从狭义上讲就是我们常说的教学基本功,从广义上讲就是指教学技巧,教师运用已有的知识或经验来完成教学任务的水平和程度。因此,根据现代教育理念,在借鉴众多专家分类的基础上,结合体育教学的特点和要求,按照体育课的基础结构,对体育教学技能进行如下分类(如图2-1所示):

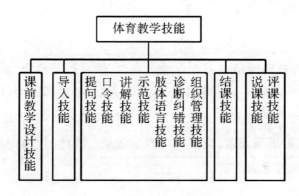

图2-1 体育教学技能的分类

1. 课前教学设计技能

所谓的教学设计,就是教师运用系统科学的方法,以学习理论(教学理论)和传播理论的研究为基础,依据相关学科的理论和研究成果,计划或安排教学的全过程(包括教学目标确定、教学活动组织、教学信息传递、教学管理和评价),以期取得最优化的教学效果。体育教师通过教学设计,将对体育课程标准的理解、对具体的教学内容和教学对象的分析等加以整合,做出对教学的整体规划、构想和系统设计,形成一种思路;对一系列具体的操作层面的教学事件做出整体安排,形成体现一定教育思想观念,具有可操作性的教学方案。合理、科学的体育教学设计是保证体育教学质量的必备条件,因此,体育教师掌握好"教学设计技能"是上好一节体育课的重要前提。

2. 导入技能

课堂教学的过程是一个信息传播的过程,要使这种传播有效,就必须使传、受双方同时进入传播过程,通过相互作用来实现传播的目的。如何使信息的接收较快地进入这个过程,传授者必须通过各种方式激发起学习者的学习动机,引起他们对信息内容的注意和兴趣,将他们引导到特定的教学方向上来。因而,根据这个特定的意图,教师首先必须具有"导入技能"。

3. 提问技能

教学信息的传播不是单向的、直线的传播过程,为了确保教学的目的性,它通过反馈形成一个循环系统。反馈的方式是多种多样的,教师可以通过观察学生的表情、操作等来完成,但在课堂上教师使用最多的方法是提问。提问不仅可以达到反馈的目的,而且还是促进学生思维、巩固知识和运用知识的方法和手段,是课堂教学中贯彻师生互动的最好形式。因此,教师必须掌握"提问技能"。

4. 口令技能

口令是体育教师所特有的专业性语言,它带有教师命令、威信和意志的信息,使学生做到令行禁止,有令即行。在体育教学中,教师运用口令进行队伍的调动、队列队形的变换、基本体操、武术、韵律操等练习时,都要通过口令来组织教学,口令的使用正确与否,直接影响教学效果。因此,作为一名体育教师,对"口令技能"的掌握尤为重要。

5. 讲解技能

体育课堂教学的信息是多方面的,有体育知识、运动技术概念、技术原理、规则等等,要对它们进行描述、分析、综合并通过抽象概括获得结论,形成正确的运动概念,得出原理和规律,都要求教师具备"讲解技能"。

6. 示范技能

示范是体育教师必须具备的基本功,是教师直接向学生传递知识信息的重要手段,也是体育课教学中最常用的直观教学方法。教师要更好地实现教学目标,就必须通过自身的示范动作来为学生提供清晰的运动表象,并与讲解有机结合,这样就会达到事半功倍的效果。因此,教师必须具有"示范技能"。

7. 肢体语言技能

体育教学的过程,除了口头语言以外,教师还通过手势、表情等传递信息。这种改变不同的信息传递通道以辅助或增强口头语言的作用,活跃课堂气氛的传递信息的方式称为"肢体语言技能"。

8.诊断纠错技能

作为体育教师,为了使学生更快地掌握和巩固正确的技术动作,必须根据各项运动的规律和技术特点以及学生的实际情况,运用科学的方法进行指导。教师在体育教学中诊断和纠正错误动作,既是教师指导学生完成动作练习的过程,也是体育教师在教学中必备的一项教学技能。因此,一名合格的体育教师必须具备"诊断纠错技能"。

9.组织管理技能

体育课堂教学中教师如何根据学生所具备的知识结构、技能水平、情感层次等情况,合理安排运动负荷、布置场地器材、调动学生队形、处理教学过程中出现的偶发事件等,这些都要通过教师的"组织管理技能"来完成。

10.结课技能

如何使一节课或一个阶段的教学内容成为一个整体,达到教学目标的要求,或扩展到本节内容,使前后知识相连而形成一个完整的体系,这就要求教师必须掌握"结课技能"。

11.说课技能

说课是教师在精心备课的基础上,以教育教学理论为指导,以口头表述为主,运用有关辅助手段向领导、同行或评委阐述某一具体课题的教学设计,并与听课者共同就课程目标的达成、教学程序的安排、重点难点的把握及教学效果与教学质量的评价等方面进行预测或反思,共同研究探讨如何进一步改进和优化教学设计的教学研究活动。说课已成为中小学课堂教学研究活动的一个重要环节,也成为体育教师必须掌握的一项基本技能。

12.评课技能

评课作为一种特殊形式的教学交流与评价活动,是提高教师从教能力、促进教学反思、提高课堂教学质量的有效途径,也是衡量教师教学水平的重要方式。评课作为一项在教学研究过程中十分有价值的活动,具有艺术化的说服能力。评课过程体现出来的艺术,可以起到促进相互学习、交流切磋、合作进步并形成教学风格的作用。因此,评课技能是每一位体育教师必须掌握的基本技能。

以上体育教学技能中,教学前的教学设计技能包括教学对象、教学内容、教学目标和教学教案。课堂教学中的技能包括导入技能、口令技能、讲解技能、示范技能、提问技能、肢体语言技能、诊断纠错技能、组织管理技能、结课技能等。课堂教学后的技能包括说课技能与评课技能。上述体育教师课堂教学技能,除了从理论上掌握其原理外,更多经验的获得来自训练,只有经过反复的实践训练,才能掌握基本的教学技能,熟悉教学规律。

思考与练习

1. 简要概述一下教学技能的含义。

2. 简述一下体育教学技能的分类及作用。

3. 针对本章内容,谈谈如何做好一名体育教师。

第三章 体育教学设计技能及案例

[内容提要]

教学设计实际上是课程实施过程中的一个决策过程,教师要回答"为什么教""教什么""怎么教""教得怎么样"等问题,是对教学做出的整体安排。本章主要对体育教学设计技能进行了概述,以及对体育教学设计的分类操作方法进行了说明,并且结合案例,阐述了如何制作一个完整的体育教学设计。

第一节 体育教学设计技能概述

我国对教学设计的研究始于 20 世纪 80 年代中期,其教学设计的原理和方法越来越受到人们的重视。目前国内体育教学领域对教学设计原理、方法的应用研究也越来越受到普遍关注。对于体育教师而言,依据教育教学原理,根据学生认知结构,对体育教学过程、教学内容、教学组织形式、教学方法和主要使用的教学手段进行系统的课堂教学设计,是上好一堂体育课的必要前提。

一、教学设计的含义

加涅曾在《教学设计原理》中将教学设计界定为:"教学设计是一个系统化规划教学系统的过程。"美国学者肯普给教学设计下的定义是:"教学设计是运用系统方法分析研究教学过程中相互联系的各部分的问题和需求,在连续模式中确立解决它们的方法步骤,然后评价教学成果的系统计划过程。"

在我国,有学者认为,教学设计是运用系统方法分析教学问题和确定教学目标,建立解决教学问题的策略方案、试行解决方案、评价试行结果和对方案进行修改的过程。

总而言之,教学设计实际上是课程实施过程中的一个决策过程,教师要回答"为什么教""教什么""怎么教""教得怎么样"等问题,是对教学做出的整体安排。

二、体育教学设计的作用

（一）有效地提高体育教学效率和教学效果

教学设计首先要对学习内容和学习者进行分析,称为教学设计的前端分析。在教学设计前端分析的基础上可以明确教学目标,这样就可以减少许多不必要的重复内容或活动。另外,在分析的基础上还可以科学地制定教学策略,合理地使用教学媒体,科学地拟定教学进度,准确地评价教学效果,提高教学效率。

（二）促进体育教师的教学从经验型向科学型转变

传统教学以课堂为中心、书本为中心、教师为中心,教学上的许多决策都凭教师个人的经验和意向做出。有经验的教师凭借这条途径也能取得较好的效果,这是具有教学艺术的表现。但能够运用这门艺术的教师毕竟有限,而且教学艺术很难传授。教学设计打破了这种局限,将教学活动的设想建立在系统方法的科学基础上,用可以复制的技术作为教学的手段。只要懂得相关的理论和科学的方法,一般教师都能实际操作。体育教学设计从教学的规律出发,对解决教学问题的方案设计、实施以及评价和修改策略都采用了系统的观点和科学的方法进行客观分析,从而摆脱了教学活动设计中的纯经验主义,使教学工作走上了科学化的道路。因此,学习和运用教学设计的原理是促使教学工作科学化的有效途径。

（三）有利于体育教师科学思维习惯和能力的培养

教学设计是系统解决教学问题的过程,它提出的一套确定、分析、解决教学问题的原理和方法也可用于其他领域和其他性质的问题情境中,具有一定的迁移性。例如,在教学内容或学习任务分析这个设计环节中,要求设计者将总的教学目标分解成单元教学目标和更具体的课时目标,建立一个教学目标群,然后根据每一个具体目标拟定策略。这与现代管理学中目标管理的思路是相同的。因此,通过教学设计原理和方法的学习、运用,可以培养有关人员科学思维的习惯,提高体育教师科学地分析问题、解决问题的能力。

三、体育教学设计的特点

（一）超前性

教师进行教学设计的过程,本质上是实际教学活动的每个环节、每个步骤在教师头脑中的预演过程。这一过程带有较强的预测性,具有一定的超前性。它能使教师如临真实教学情境,对教学过程的每一个细节周密考虑、仔细策划,为教学活动的顺利进行提供可靠保证。但这仅仅是设计,只是对实际的教学活动的预测,还没有开始实施,无法落实解决问题的方法。

(二)系统性

教学系统设计首先是把教育、教学本身作为整体系统来考察,并运用系统方法来设计、开发、运行和管理,即把教学系统作为一个整体来进行设计、实施和评价,使之成为具有原有功能的系统。因此,将系统方法作为教学系统设计的核心方法是教学系统设计发展过程中研究者与实践者所取得的共识。无论是宏观教学系统设计,还是微观教学系统设计,都强调系统方法的运用。教学设计依赖系统的方法,使教学过程设计的完整性、程序性和可操作性得到了保证。

(三)创造性

体育教学设计的过程,实际上也就是教师根据不同的教学目标和不同学生的特点,创造性地思考、设计教学实施方案的过程。并且,由于教学设计在一定程度上同教师个人的教学经验、风格、智慧紧密结合在一起,每个教师设计的教学方案都会不同程度地带有个人风格与色彩,因而,它为教师个人创造才能的发挥提供了广阔天地。

四、体育教学设计的流程

(一)分析学生对体育学习的需要

学习需要在教学设计中是一个特定的概念,是指学习者在学习方面目前的状况与所期望达到的状况之间的差距。学习需要分析是一个系统化的调查研究过程,这个过程的目的就是要揭示学习需要,从而发现学生学习中实际存在的问题,并据此提出体育教学设计的方向,确定体育教学目标。

(二)分析体育教材内容

体育教材内容是指为实现体育教学目标,在体育教学过程中选择的各种体育与卫生保健知识、技术技能及方法的总称。对体育教材内容的分析目的在于全面了解教材内容的特点与功能,充分挖掘体育教材的价值,确定教师应该"教什么"和学生"学什么"的问题,使其更好地为实现体育教学的多种功能服务。

（三）对学习者的分析

体育教学设计的一切活动都是围绕学习者的学而展开。对学习者进行分析目的在于了解体育学习者当前所具备的知识技能状况，更好地为体育教学设计中目标的确定、体育教材内容的选择、体育教学策略的选用、教学环境的创设等提供依据，从而更好地促进学习者体育知识、运动技能和能力的发展。

（四）设计体育教学目标

体育教学目标设计是体育教学设计的重要环节。明确而具体的教学目标是进行体育教学策略制定、体育教学媒体选择和体育教学评价的依据。

（五）设计体育教学策略

体育教学策略主要研究以下问题：课的类型与结构、教学的顺序与节奏、教与学的活动、教与学的方法、教学的形式、教学的时空安排等。

（六）设计体育教学媒体

体育教学媒体是指在体育课堂教学过程中，根据教学目标和教学对象的特点，合理选择、运用现代教学媒体和体育教学软件，与传统体育教学手段有机组合，共同参与体育教学。

（七）设计体育教学过程

体育教学过程设计是对影响体育教学活动的因素（教师、学生、教学内容、教学目标、教学活动、教学步骤、教学方法等）的动态设计。一般可以用流程图的形式简洁地反映分析和设计阶段的结果，直观地描述体育教学过程中教师、学生、教学内容、教学策略等基本要素之间的关系。

（八）体育教学设计评价

经过以上各个环节设计出的体育教学方案，能否为体育教学带来理想的效果还有待于实践的检验。对体育学习需要、体育学习内容和学习者的分析是否准确，体育教学目标的设定是否合理、具体，体育教学策略设计是否合适等问题，必须进行全面的评价。评价可以采用形成性评价，也可以采用终结性评价。当发现所设计的方案不能达到预期目标时，应及时加以修改，直至达到预期的目标。

上述八个方面所构成的教学设计过程，可用下面的流程图 3－1 表示：

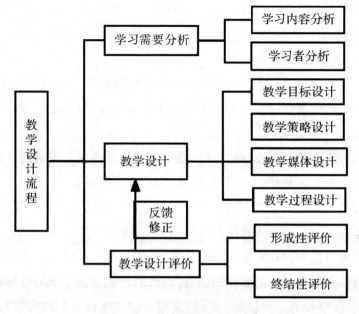

图 3 - 1　体育教学设计流程图

第二节　体育教学设计的分类操作方法

一、学习者分析

学生是学习的主体,学生情况制约着学习的开展,影响着目标的达成。因此,对学生情况的分析是编制体育课时教案必须突出的一个方面。那么如何分析学生的情况呢?

第一,要分析学生的一般特征,即对学生的生理特点、心理特点以及社会特点的分析。学生的生理特点分析主要包括学生的生长发育规律和不同年龄阶段身体素质的发展规律;心理特点分析主要考虑学生的个性发展特征(即兴趣、能力、性格),情感、情绪特征,注意力和意志的发展特征,学生的思维特点等;社会特点分析主要考虑学生的人际交往特点、社会行为特点、社会角色意识、价值观念、团队精神和竞争意识等。

第二,要分析学生的体育学习起点能力。所谓的起点能力是指学生在从事体育与健康课程的学习前已具备的相关知识,体能、技能的基础,健康状况以及对体育学习内容的认识和态度。学生起点能力分析与体育学习内容的分析有着密切的关系,如果忽略对学生起点能力的分析,体育学习内容的确定就会脱离学生的实际情况。

在实际编写教案中,对学生起点能力的分析应侧重于分析学生的知识、体能、技能的基础,健康状况以及对体育学习内容的认识和态度。具体要做到以下几个方面:

1. 对体育预备知识和技能的分析,即了解学生是否具备了进行新的体育学习所必须掌握的知识和技能,这是从事新体育学习的基础。

2. 对学生的体能和健康状况进行分析,了解学生的身体机能和身体素质、健康状况是否适应未来的体育学习。

3. 对体育目标知识和技能的分析,即了解学生是否已经掌握或部分掌握了体育教学目标中要求学会的体育知识与技能,若已经掌握了部分体育教学目标的知识与技能,就没有必要针对与该部分相对应的体育教学内容进行教学,以利于在确定体育教学内容方面做得更有针对性。

4. 对学生体育学习态度的分析,如是否存在偏爱或讨厌心理等。

二、学习内容分析(教材分析)

(一)钻研课程标准

1. 理解体育与健康课程理念、指导思想

(1)坚持"健康第一"的指导思想,促进学生健康成长

体育与健康课程以"健康第一"为指导思想,努力构建体育与健康的知识与技能、过程与方法、情感态度与价值观有机统一的课程目标和课程结构,在强调体育学科特点的同时,融合与学生健康成长相关的知识。体育与健康课程的教学,使学生掌握运动技能、发展体能,逐步形成健康和安全的意识以及良好的生活方式,促进学生身心协调、全面的发展。

(2)激发学生的运动兴趣,培养学生体育锻炼的意识和习惯

体育与健康课程强调在课程目标的确定、教学内容和教学方法的选择与运用方面,注重与学生的学习和生活经验相联系,引导学生体验运动乐趣,提高学生体育与健康学习动机水平;重视对学生进行正确的体育价值观和责任感的教育,培养学生刻苦锻炼的精神,促进学生主动参与体育活动,基本形成体育锻炼习惯。

（3）以学生发展为中心，帮助学生学会体育与健康学习

体育与健康课程高度重视学生的发展需要，从课程设计到学习评价，始终以促进学生的身心发展为中心。课程在充分发挥教师教学过程中主导作用的同时，十分重视学生在学习过程中的主体地位，注重培养学生自主学习、合作学习和探究学习的能力，促进学生掌握体育与健康学习的方法，并学会体育与健康学习。

（4）关注地区差异和个体差异，确保每一位学生受益

体育与健康课程强调在保证国家课程基本要求的前提下，充分关注不同地区、学校和学生之间的差异，各地区和学校要根据体育与健康课程目标及课程内容，因地制宜，合理选择和设计课程内容，有效运用教学方法和评价手段，努力使每一位学生都能接受基本的体育与健康教育，促进学生不断进步和发展。

2. 掌握体育与健康课程目标体系

体育与健康课程的目标体系包括课程目标、学习领域目标和学习水平目标，它使该课程对学生的学习要求更加具体化、明确化。

（1）课程总目标（2017版《普通高中体育与健康课程标准》）

通过课程的学习，学生喜爱运动，积极主动地参与运动；学会体育与健康学习和锻炼，增强创新精神和体育实践能力；树立健康观念，形成良好的生活方式；遵守体育的道德规范和行为准则，塑造良好的体育品格，发扬体育精神。运动能力、健康行为和体育品德三方面学科核心素养协调和全面发展，培养作为公民在未来发展中应具备的体育与健康的关键能力、必备品质与价值观念，形成乐观开朗、积极进取、充满活力的人生态度。

（2）内容目标

主要有运动能力、健康行为、体育品德三个方面：

运动能力：通过本课程的学习，学生能够运用所学的运动知识、技能和方法，参加和组织体育展示和比赛活动，显著提高体能与运动技能水平，掌握和运用选学运动项目的裁判知识和规则，增强发现问题、分析问题和解决问题的能力；能够独立或合作制订和实施体能锻炼计划，并对练习效果作出合理的评价；了解和分析国内外的重大体育赛事和重大体育事件，具有运动欣赏能力。

健康行为：通过本课程的学习，学生能够积极主动地参与校内外的体育锻炼，掌握科学锻炼方法，养成良好锻炼习惯，形成基本健康技能，学会自我健康

管理;情绪稳定、包容豁达、乐观开朗,善于交往与合作,适应自然环境的能力强;关注健康,珍爱生命,热爱生活,养成良好的生活方式,改善身心健康状况,提高生存和生活的能力。

体育品德:通过本课程的学习,学生能够自尊自强,主动克服内外困难,具有勇敢顽强、积极进取、挑战自我、追求卓越的精神;能够正确对待比赛的胜负,胜不骄、败不馁;胜任不同的运动角色,表现出负责任的行为;遵守规则、文明礼貌、尊重他人,具有公平竞争的意识和行为。

(3)水平目标

每一个学习模块目标又可细分为若干个水平目标,并对如何达到某一水平目标提出了若干活动建议或内容建议,而不是硬性规定。这就给学校、教师和学生留有很大的选择余地和空间,不管选择什么内容、采用何种方法,只要有助于达成学习目标就可以。

以足球模块阶段性学业质量标准(第一学年)水平四为例说明如下:

四—1 将所学的较复杂的动作技术、组合动作技术和战术运用于足球五对五、七对七的实战比赛情境中,初步具有运用综合知识和技能分析问题和解决问题的能力,对足球运动的完整体验和理解进一步加深;

四—2 体能水平进一步提高,体力更加充沛,达到《国家学生体质健康标准》中高一年级的优秀水平;

四—3 每个月通过现场和多种媒介观看 4 次高水平的足球比赛;

四—4 在参与足球学练和比赛过程中表现出较强的情绪调控能力和自信心,合作能力和公平竞争意识不断增强,文明礼貌、尊重对手、尊重裁判,勇于挑战自我,正确对待胜负;

四—5 学会预防足球运动损伤的方法;

四—6 每周能用足球运动进行 4 次课外体育锻炼或比赛。

(二)钻研体育教材

体育教材也称体育教学内容。体育教学内容是指在体育课程目标和体育教学目标的指导下,在体育教学过程中选择的各种体育与卫生保健知识、技术技能及方法的总称。钻研体育教材的目的在于能够充分挖掘体育教材的价值,使其更好地为实现体育教学的多种功能服务;有效地确定体育教学内容的范围和深度,为因地制宜地选择教学内容提供条件;可以揭示体育教学内容各组成部分之间的关系,为教学安排奠定基础;为体育教师和学生提供"如何教"和"如何学"的指导,有效地促进体育教学目标的达成;帮助教师和学生结合学校的实际情况,较好地实现体育课程目标,选择适宜的教学内容;明确教师应该"教什么"和学生应该"学什么"。

1. 选择体育教学内容的原则

（1）与教学目标相统一原则

与教学目标相统一原则是指所选的体育教学内容应是被判断能完成体育教学目标的那些内容,而且所选的内容应是健康的、有教育意义和身体锻炼价值的,并能为体育习得和身体锻炼做出贡献的内容,还要有意识地选择一些有中国特色、地方特色的体育运动项目。要用体育教学的目标对所选内容进行衡量后再行选用。

（2）科学性（健身性和安全性）原则

科学性（健身性和安全性）原则是指所选的体育教学内容应是有利于身体锻炼和运动技能提高的,并是安全的。其中主要包含了两个含义:第一,它能有效地为增进学生的身体健康服务,能有助于培养学生的体育锻炼能力;第二,它在体育教学环境和条件下实施时是安全的。

（3）可行性原则

可行性原则是指所选的体育教学内容应符合准备实施的地区大部分学校的物质条件、教师能力以及学生实际情况。再好、再科学的体育教学内容,如果不符合本地区和本学校的条件,都不应该进行选择。

（4）趣味性原则

趣味性原则是指所选的体育教学内容应能让广大学生感兴趣并能从中体会到运动的乐趣。体育运动的乐趣是学生参加体育学习的动机和目的之一,这一点不能回避,要在具有目标统一性和可行性的备选教学内容中挑选那些有趣味性的内容,而比较枯燥无味的体育手段则不应该选择。

（5）与社会体育和地区体育特色相结合原则

与社会体育和地区体育特色相结合原则是指所选的体育教学内容应是在遵循上述原则的基础上,尽可能体现当地的体育特色。学校体育教育最终是为学生的终身体育锻炼服务的,因此在选择体育教学内容时,也要尽可能与社会上流行的体育项目相结合,以便增加学校体育教育的实效性。

2.确定教材的重点、难点

"重点"是指教材中最基本、最重要的核心部分,是学习后续内容的基础,具有常用性和应用性。在体育教学中重点是指身体练习的主要部分,即某一个身体练习的技术关键或技术环节的重要连接部分。教材的重点是客观的,它不因学习对象的不同而改变。例如,跳远教材的重点就是助跑与起跳的结合。"难点"包含两层意思:一是学生难以理解和掌握的内容;二是学生容易出错或混淆的内容。教材的难点具有主观性,它不仅与教材有关,更与教学对象的学习能力、身体素质等有关。例如,跳远教材从难点的角度出发,有些人可能是起跳与助跑的结合掌握不好,从而影响了整体技术的提高;也有些人可能是助跑步点不准确,腾空时不平衡甚至前倾,落地时小腿不能前伸。总之,教材的难点是因人、因时而异的。难点是学生学习的"拦路虎",如不突破,将影响新教材的学习。因此,教师在备课中要深入了解学生的实际,摸清其特点,确定教材中的难点。

在实际的教学中,应该突出重点,突破难点,抓住关键。突出重点就要在教材重要的部分多花时间、下力气,让学生真正理解并掌握它;同时,突出重点不是丢弃次要内容,相反,要求教师在教学中应采用"以偏托正"的方式,将次要内容围绕重点内容来进行。突破难点,常用的办法有以下四种:

(1)分散难点,各个击破。如将难点技术分解成多个小步子,或多种辅助练习,由浅入深、由简单到复杂,或以旧带新,帮助学生由已知过渡到未知,这样便可化难为易。

(2)创设情境,联系实际,引导学生积极思考。

(3)对于容易混淆的内容,可以运用对比的方法来区分各自的特点。

(4)多运用直观的方法以加强学生的感知。

三、编制教学目标

《普通高中体育与健康课程标准(2017年版)》指出:体育与健康学科核心素养是学科育人价值的集中体现,是通过体育与健康学科学习而逐步形成的关键能力、必备品格与价值观念。体育与健康学科核心素养包括运动能力、健康行为和体育品德。在课标中,把运动能力、健康行为、体育品德三个方面作为课程目标的分目标,说明体育与健康学科核心素养是体育课程目标制定的依据和来源。而体育课程目标是体育课时目标的上位目标,因此体育与健康学科核心素养代表学校体育总体目标与预期,统领体育课时目标的制定。体育课时目标是学科核心素养的细化和具体化,需要对学科核心素养层层落实,全面对接。

(一)教学目标编制原则

1.应突出核心素养的发展重点

《普通高中体育与健康课程标准(2017年版2020年修订)》明确指出:"设计教学计划时,应将运动能力、健康行为和体育品德三个方面的学科核心素养有机地融合在教学设计中,并细化为不同教学阶段的具体学习目标,通过选择和组合有效的教学内容和教学方法,促进学习目标的整体实现,帮助学生形成体育与健康学科核心素养。"

因此,课堂学习目标必须涵盖运动能力、健康行为和体育品德三个方面的学科核心素养,并且要突出发展体能、运用技能、锻炼习惯、情绪调控、遵守规则、社会责任感等核心素养目标。

2.应具有清晰的目标层级

学习目标包括学科课程目标、水平(学段)学习目标、单元(模块)学习目标、课堂学习目标,这是一个相互衔接、层级清晰的目标体系,所有目标最终依托于课堂学习目标的实现。因此,设置学习目标要考虑同一内容前后课时的目标衔接,要在达成上层目标的基础上实现本层级目标,体现不同学段学生的目标差异性。

3.应符合学生发展实际

教师应对学生技能运用、体能发展、运动认知水平、健康行为、体育品德表现等进行认真分析和评估,在此基础上设置课堂学习目标。目标设置要有一定的挑战性和适宜的难度,是学生通过努力可以实现的,必要时可根据学情适时修订改进,以保证课堂学习目标的达成。

4.应明确具体、可观测评价

学习目标是学生通过练习达到的预期结果,设置课堂学习目标,应明确、具体、难度适宜、可观测、可评价,尤其是运动技能学习的目标,应清晰描述学生通过学练后,能够在具体条件下将所学动作完成的程度。健康行为和体育品德方面的目标也要做出清晰具体的描述。如:学生如何看待比赛胜负,调控情绪;如何在学练活动中勇于挑战、积极进取;如何遵守比赛规则,对待对手与裁判;等等。

（二）体育课教学目标的制定方法

一个表述恰当的目标有两个基本特征：一是包含要求达到的具体内容和明细规格；二是能用规范术语描述所要达到的教学结果的明细规格。马杰在 1962 年出版的《程序教学目标的编写》中指出，规范的行为目标必须是具体的、明显的，它包括四个要素，即对象（Audience）、行为（Behavior）、条件（Condition）、标准（Degree），简称 ABCD 模式。

对象：需要完成行为的学生。学习目标是针对学生的行为而言，所以描述学习目标时应注明特定的教学对象，如"全班学生""全体女生"等。教学目标中行为主体是学生，所以在撰写目标时应写"全体学生……"，不能写"教会学生……""使学生……"。

行为：表明学生经过学习以后能做什么，了解教学目标达成与否。可以用一个动宾短语来描述行为目标。行为动词说明学习的类型，宾语说明学习内容，重点在于选择一个恰当的、具有可观察、可操作的行为动词。编写认知性目标可选用的动词有说出、了解、回忆、描述、叙述、解释、理解、分类、比较、区别、讨论、证明、评价等。编写技能、健康行为类目标可选的动词有获取、完成、达到、改进、提高、组织、处理、运用、迁移等。编写情感品德性目标可选用的动词有观察、参加、交流、注意、关心、帮助、遵守、调控、做到、形成、树立、保持、尊重等。描写行为目标的步骤为：首先根据学习目标分类确定课时教学内容的类别，然后选择合适的行为动词，最后把教学内容作为动宾结构的宾语。如"说出"合理体育锻炼对健康的促进作用，"应用"足球二过一战术进行过人练习。

条件：说明行为是在什么样的条件下产生的，一般包括环境、设备、时间等因素。如"在 1 分钟内完成 150 次跳绳"，这个条件规定了完成 150 次跳绳的具体时间。

标准：达到上述行为的最低标准。为了使教学目标具有可测量性，对学生的行为标准应进行具体的描述。如"在 1 分钟内完成 150 次跳绳"，150 次为行为标准，表明行为的速度；"罚篮 10 次，命中 5 次以上"则规定了行为的准确性，也可以用百分比。

把以上四个要素结合在一起，课时教学目标可以表述为：全体学生（教学对象）能在 1 分钟内（条件）完成跳绳（行为）150 次以上（标准）。采用 ABCD 模式，除了行为要素不能省略，其他三个要素可以根据具体情况在表述时适当简略。

常见的错误写法有："让学生学会……""发展学生……"这样的学习目标出现了行为主体错误,即把教师当作行为主体。行为活动是指用以说明学生在学习后应获得怎样的知识和技能,态度会有何变化等,要用可观察、可测量的术语——行为动词来描述学生所形成的可观察、可测量的具体行为。在表述学习目标时,应尽可能选用那些意义明确、易于观察的行为动词,并采用动宾结构。即使用"说出""列举""做出"等具体行为动词,再加上说明学习内容的宾语,如"(能)说出行进间运球的动作要领""(能)做出行进间运球的动作"等。行为条件是指影响学生产生学习结果的特定限制或范围,主要说明学生在何种情境或条件下完成指定的操作。

(三)分类案例

1. 运动能力

运动能力是学科核心素养的基础,重点是发展体能、运用技能和提高运动认知。其中,学习运动技能和发展体能是实现课程目标的主要载体,也是体育教学的侧重点;运动认知则是指学生在体育学习中对项目特征、规则、要领、方法及其他相关知识的知晓、理解、应用,是一个日积月累的学习和提高过程。可以说,学科核心素养的形成与发展离不开运动能力目标的实现。

运动能力目标对应学生能够运用所学运动知识、技能和方法,参加与组织体育展示和比赛活动,显著提高体能与运动技能水平;掌握科学锻炼方法,养成良好锻炼习惯;掌握基本健康技能;等等。运动能力目标的内容表述主要是学生参与课堂学、练、赛活动的行为表现及学练后应达到的掌握程度。

案例一:"足球:脚内侧传接球"运动能力目标

能说出脚内侧传接球支撑脚位置和踢球腿用力顺序,了解脚内侧传接球在足球比赛中的作用;能通过脚内侧传接球练习,70%的学生2人距离10米能够连续传接球6次以上不失误,30%学生完成距离5米连续传球;能积极参与课堂体能练习,训练速度、协调能力和下肢力量。

案例二:"轻器械健身操及体能练习"运动能力目标

能说出轻器械健身操的动作名称,知晓健身操的锻炼价值;80%以上的学生能在音乐的节奏下展示轻器械健身操动作,20%的学生能够在同伴的帮助下完成动作;能积极参与课堂体能练习,发展力量、协调、柔韧和平衡能力。

2. 健康行为

健康行为的发展重点是培养锻炼习惯,提高情绪调控和适应能力。学生只有经过足够次数和时间的运动参与,才会产生运动兴趣,养成锻炼习惯,才会在剧烈运动情境中产生强烈的情绪体验,才能直面困难和挫折,有效调控情绪,学会人际交往。健康行为目标对应学生能够积极主动地参与校内外的体育锻炼,掌握科学锻炼方法,养成良好锻炼习惯;情绪稳定、乐观开朗,善于交往与合作,适应环境能力强等课程目标发展内容。健康行为目标表述主要指学生在课堂学习活动中,尤其是锻炼习惯、情绪反应、人际交往中的行为表现。

案例三: "足球:脚内侧传接球"健康行为学习目标

积极参与脚内侧传接球技能学练,体验传接球的成功乐趣;体育课上具有安全意识及良好习惯。

案例四: "轻器械健身操及体能练习"健康行为学习目标

积极参与课堂各种练习和比赛,能较快适应教师安排的练习分组,完成练习任务,与同伴友好相处,合作学练。

3. 体育品德

积极进取、遵守规则和社会责任感是体育品德的发展重点。学生只有在竞赛规则的约束下,在胜负未料的激烈竞赛中,才能激发强烈的进取心和挑战精神,形成遵守规则的意识,在关键时刻勇于担当责任。体育品德目标对应学生能够主动克服困难,具有顽强勇敢、积极进取、挑战自我、追求卓越的精神;遵守规则,尊重他人,具有公平竞争的意识和行为等课程目标发展内容。体育品德目标表述主要是学生在体育竞赛及其相关活动中表现出的情感、态度、价值观及运动行为。

案例五: "足球:脚内侧传接球"体育品德学习目标

在体能练习中勇于挑战自我极限;在比赛中能团结协作、尊重对手、遵守规则、服从裁判,能够正确对待比赛输赢。

案例六: "轻器械健身操及体能练习"体育品德学习目标

在集体展示活动中表现出积极进取、遵守规则的意识与行为,有较强的责任感和团队精神。

案例分析: "篮球运球模块"教学目标设计

运动能力目标:通过篮球模块——运球学练,将篮球裁判法知识(手势)渗透于运球教学中,以尝试、体验、实战互动等练习方法,进一步熟悉运球技术,改进运球方法,尽可能做到运球不看球。

健康行为目标:发展学生速度、灵敏、协调性等身体素质,引导学生科学锻炼,养成终身体育习惯。

体育品德目标:培养学生友好交往、团结协作、勇于创新、自主学练等优良品质和学习态度。

上述案例中除了运动能力目标相对具体以外,其他目标都存在许多问题。第一个目标中"通过篮球模块——运球学练",将"篮球裁判法知识(手势)渗透于运球教学中"表述不明确,只是说明了将"篮球裁判法知识(手势)渗透于运球教学中",而达到什么程度没有表述清楚,也就意味着只要"渗透"了,教师和学生的目标就达到了,这样的目标不明确,没有按照 ABCD 模式撰写。上述案例第一个目标的后半部分课题是"运球",条件是"尝试、体验、实战互动等练习方法",标准是"尽可能做到运球不看球"。这样的目标表述容易让教师和学生知道教、学的方法与标准,因而达成度较高。第二个目标中"发展学生速度、灵敏、协调性等身体素质"是课程的水平目标,也可以说是课程的"目的",不能直接用于课时目标,"发展学生的速度、灵敏、协调性等身体素质"必须让学生"掌握锻炼速度、灵敏、协调性等身体素质的方法";而"引导学生科学锻炼,养成终身体育习惯"和体育品德目标中的"培养学生友好交往、团结协作、勇于创新、自主学练等优良品质和学习态度"一样,过于口号化和抽象,不是课时目标,不具备具体操作性和可测性,不利于教师通过外显的行为表现对学生学习情况进行评价,更不利于指导学生如何学,学生互评、自评没有标准。这样的教学目标最容易导致教学流于形式,教学效果比较差。因此,针对本课的教学目标,可以这样设计:

运动能力目标:学习篮球裁判法知识(手势),在运球学习中至少能运用 5 种以上篮球裁判法手势;学习运球急停急起、变向运球,掌握 3 种以上通过运球锻炼速度、灵敏和协调性的方法。

健康行为目标:积极参与运球技能学练,体验传接球的成功乐趣,快乐学习,乐观开朗。

体育品德目标:在学练和教学比赛中,主动和同伴进行传接球,培养学生友好交往、团结协作的优良品质。

四、教学重难点设计

(一)教学重点与教学难点的含义

教学重点是指教材中最基本、最重要的核心部分,是学习后继内容的基础,具有常用性和应用性。教学难点包含两层意思:一是学生难以理解和掌握的内容;二是学生容易出错或混淆的内容。

(二)两者的异同

对于有些教材内容,重点和难点没有太大区别,重点就是难点,难点就是重点。而对于有些教材内容,重点就是重点,难点就是难点,两者之间是不能等同的。需要注意以下三点:

1. 教学重点是教学本身包含的,而教学难点是教学中生成的。

2. 教学重点是学生要掌握的内容,而教学难点是学生不好掌握或易出错、易混淆的内容。

3. 教学重点是客观的,它不因学习对象的不同而改变。例如:跳远教材的重点就是助跑与起跳的结合。而教学难点具有主观性,它不仅与教材有关,更与教学对象的学习认知水平、接受能力和身体素质等有关。例如,跳远教材从难点的角度出发,有些人可能是起跳与助跑的结合掌握不好,从而影响了整体技术的提高;也有些人可能是助跑点不准确,腾空时不平衡甚至前倾,落地时小腿不能前伸等影响了跳远成绩。

(三)确定教学重点和难点的要求

1. 吃透新课标

确定教学重难点首先要吃透新课标。只有明确了这节课的完整知识体系框架和教学目标,并把课程标准、教材和教师参考书整合起来,才能科学确定静态的教学重点和难点。

2. 充分考虑教材内容

在确定体育教学重点、难点时,教师首先要将教材内容考虑在前。也就是说,无论出现什么样的教材内容,都要以教材来确定教学重点和难点。例如,短跑教学中,在确定教学重点时,理所当然地要突出教材内容的因素,将途中跑作为教学的重点。

3. 从学生实际出发确定教学的重点和难点

重难点的确定,不仅要从教师对教材的理解出发,更要从学生的实际情况出发。要充分考虑他们的学习能力、身体素质等,从而确定他们学习的重点和难点。相同的教材对于不同的学生而言,难点也是有区别的。例如,在跳远教学中,对于有些学生来说助跑与起跳结合是难点,而对于有些学生来说举腿有可能是难点。

4.以教学目标为依据确定教学的重难点

体育教学目标是体育教学指导思想的具体体现,是体育教师进行体育教学的出发点和归宿,是进行教学设计、体育教学质量评价的具体依据。所以我们要以教学目标为依据来确定教学的重难点。

如表3-1所示,摘选了体育实践课中部分技术动作的教学重点和难点案例,仅供参考。

表3-1 部分体育实践课教学重难点案例

技术动作名称	教学重点	教学难点
跨越式跳高	起跳	助跑与起跳相结合
蹲踞式跳远	助跑与起跳相结合的技术	助跑快而且步点准确、起跳和腾空后的蹲踞式动作
立定跳远	摆臂与蹬地的配合,双脚起跳落地	动作配合协调
快速跑	途中跑	有力的后蹬和蹬摆的协调配合
跨栏跑	跨栏步和跑跨结合技术	跨栏步的起跨技术、保持身体平衡、节奏感
跳高	助跑与起跳相结合的技术	过杆技术
跳远	助跑与起跳技术的结合	助跑快、踏跳准、板前不减速
三级跳远	三次跳跃的协调配合和维持身体平衡	合理的三跳节奏并保持三跳的水平速度
推铅球	最后用力	滑步与最后用力结合
原地正面双手头上掷实心球	前掷时的用力顺序	出手角度和出手速度
前滚翻	两腿迅速蹬直	团身
肩肘倒立	翻臀、举腿升髋压垫	展髋夹肘

续表

技术动作名称	教学重点	教学难点
山羊分腿腾跃	提臀分腿、顶肩	抬上体
鱼跃前滚翻	快速蹬地摆臂（推手的时机和力度）	屈臂缓冲和低头团身的时机
头手倒立	两手与前额撑垫成等边三角形，紧腰提臀	举腿、展髋、臀部回压的配合
篮球：移动	中心、蹬地	蹬伸与腰、髋协调
篮球：原地运球	拍球的部位	手对球的控制能力
篮球：传接球	传球时用力的方法和位置，接球时的迎、引、持球保护	手脚协调配合
篮球：抢篮板球	进攻"冲抢"，防守"挡抢"	抢位、起跳、抢球
足球：颠球	颠球用力方法和触球部位	颠球用力方法和触球部位
足球：停球	地滚球：部位、缓冲 反弹球：位置、部位、压球方法 空中球：部位、缓冲	选择部位和方法
足球：头顶球	部位、用力方法和时机	判断、空间位置
足球：运球	姿势、部位、方法	动作衔接、重心控制
排球：发球	抛球和作用力	准确性与攻击性的结合
排球：双手头上传球	击球点、手型、协调用力	球稳、落点准
排球：双手下手垫球	控制球	选择击球点
排球：扣球	手法	起跳时间、起跳点

五、制定教学策略

制定教学策略，就是设计课堂教学如何进行下去的方案。教学策略是教学系统论或教育工艺学的术语，是指建立在一定理论基础之上为实现某种教学目标而制定的教学实施总体方案，包括合理选择和组织各种方法、材料，确定师生行为程序等内容。课堂教学策略是极为丰富多彩、灵活多变的。换言之，制定教学策略是一项极富创造性的工作。

（一）拟定教学程序

拟定教学程序就是对教学的实施步骤、阶段划分和时间分配做出安排，从而保证有计划、分阶段实现预期目标。

1. 传统模式

新授课的一般程序,即导入新教材→学习新教材→巩固新教材→布置作业;练习课的一般程序,即提出目标要求→示范指导→独立练习→检查评价;复习课的一般程序,即提出复习要求→系统归纳→重点练习→小结;等等。

2. 新型模式

身心发展课的程序:

确立目标(基本指标)→自我检测(主观感受)→教师咨询(客观诊断)→练习方法(运动处方)→实施过程(数据积累)→效果检验(信息反馈)。

运动参与课的程序:

活动设计(围绕目标)→组织实施(优化结构)→创建氛围(提升兴趣)→表扬鼓励(巩固理念)。

技能学习课的程序:

导入→模仿→重复→演示→纠偏→改进→应用,等等。

(二)选择教学方法

教学方法的选择首先取决于教学目标和教学任务的要求,要符合教学内容的特点。其次,选择教学方法要立足于教学改革,有利于调动学生的主动性、积极性,有利于发挥教师的主导作用,提高学生参与的兴趣,充分发挥教材的能力价值、应用价值和教育功能。最后,选择教学方法要考虑教师和学生的条件、物质条件和教学时间的局限性。在整节课的教学中,应安排各种方法交替使用或组合使用,需要通盘考虑,要进行筛选、衔接,形成最佳的教学方法的搭配方案。教学有法,但无定法。选择教学方法并无严格的程序,需要反复构思筛选,新任教师可从程序性问题入手来选择与组合教学方法。

(三)设计课堂环境

课堂环境对教和学都会产生影响,在潜移默化中可以将教学导向不同的境界。课堂环境指的是为实施教学活动而组织起来的各种外部条件的总和。它包括物质环境(如器械布置、体育设施、电教手段等)和课堂社会心理环境(如课堂中师生关系、班风、教学气氛等)。在教学中,教师一般较多地考虑物质环境,而对满足学生精神的需要注意较少。其实,课堂里的学生有各种事情干扰他们,许多不稳定情绪影响他们,他们有着各种各样的想法。因此,教学的首要任务就是要将他们带入一个特定的环境之中,满足他们最根本的精神需要,即求知的需要,与人交往、受人尊重的需要,表现个性、追求成就的需要,以及欣赏美、创造美的需要。

课堂教学设计中,创设课堂环境主要包括:

(1)创设奥妙有趣、激励探索的体育教学环境,满足学生求知的需要;

(2)创设和谐协同、相互尊重的人际关系环境,满足学生社会交往的需要;

(3)创设积极向上、普遍成功的发展环境,满足学生追求成就的需要;

(4)创设愉悦欢欣、新颖优美的审美环境,满足学生审美的需要。

在创设课堂环境的过程中,教师既是环境的创设人,其自身又是构成环境的一个重要因素。教师要有意识地善于以自己的行为和态度来构建和调控环境。

六、教学媒体设计

(一)体育教学媒体选择的原则

1. 根据教学情境选择教学媒体

教学情境对媒体选择的限制性甚至比其他因素更强。因此,对教学媒体的选择应由教学情境来决定。集体授课时,设计者应该选择那些展示教学信息范围较大的媒体,如扩音、幻灯、投影、电视录像等;小组教学的媒体,其传播信息的范围应与小组人数、教学场所的大小相适应;技能训练教学,可选择那些表现力强且有特殊时空特性的媒体。如设计者可以选择电视录像、电影媒体,利用它们的慢放、快放功能展示一些特殊的技能动作,以利于学习理解与模仿。

2. 根据学习者的特点选择教学媒体

多种教学媒体既各有自己的特点,又有其局限性,在选择教学媒体时,不仅要了解教学媒体的特点和功能,还应该懂得对于不同的教学对象、教学内容和目的,要采用不同的教学媒体。小学生的思维特点是以形象思维为主,抽象逻辑思维较差,自我控制能力差,注意力的转移往往需要外界因素引导。因此,对他们就应该选择能够充分发挥并培养他们形象思维的媒体。而对于中学生、大学生则往往通过一些原则性、实际性较强的媒体来表现教学内容,引发学生的理性思考,培养他们的抽象思维能力和实际动手能力。

3. 根据学习目的选择教学媒体

在选择媒体时要从所要达到的教学目的(结果)出发去考虑,不同的目的就要选择不同的最能有效地达到这一目的的媒体。如以训练技能为目的,就要选择有很强的操作性、示范性、实践性和时空突破功能的媒体进行教学。

各种教学媒体都有其自身的特点,只有正确认识媒体设计效果和使用效果,选择合适的教学媒体,才能最大限度地发挥自身的长处和优势,从而优化整个教学过程。

(二)体育教学媒体的选择程序

选择何种教学媒体进行教学,与教学目标、教学内容、教学形式、教学方法、媒体使用因素、经济因素等密切相关。在教学设计时,要考虑媒体特点与学习情境类型之间的关系,最后根据实际可行性因素选择 1～2 种教学媒体。

在教学设计时,选择教学媒体可分为四个步骤:

1. 确定必须由媒体来表现的教学内容;

2. 甄别可供选择的媒体类型;

3. 选定高效低耗的媒体;

4. 设计媒体出示的时机、方式、步骤和次数。

七、教学过程(流程)设计

"教学流程"作为体育教学设计中的一个关键要素,目前出现过多种表述方式,如"教学过程""课的流程""教学步骤""教学程序"等。无论采取哪种表述方式,其具体内容、形式应该是相对一致的。

有些教学流程是从课的开始部分一直到课的结束部分整个课的流程,这种流程更像是"课"(完整性)的流程而非"教学"(局部性)的流程;有些呈现的是基本部分主教材和辅助教材的教学流程,还有的是基本部分主教材的教学流程等。

从体育教学设计的整体结构来看,教学流程应是教学设计前后两大部分(即课的总体设计与分析部分、教案部分)中前一部分的一个要素,篇幅无须过长,具体内容需尽量简洁,形式上要求直观。基于此,教学流程的设计与文本内容可以定位于基本部分主教材的教学过程。

案例七:"交叉步持球突破接行进间单手低手投篮"教学流程

1. 课的热身阶段

从自主运球练习开始,以音乐伴同,培养学生的主体意识和节奏感。随后教师引导,通过运球环节激发学生学习的兴趣,使学生较快进入学习状态。球操练习则以提高学生熟悉球性为目的,为课的内容逐步过渡到主教材部分做好准备。

2. 主教材学练部分

首先,复习行进间低手投篮和交叉步持球突破,纠正学生在上述动作练习过程中重点存在的问题;随后学习交叉步持球突破接行进间低手投篮动作,通过三人一组练习,以及运用障碍物进行条件作业,层层递进、由易到难,体验各种方式的突破练习;最后阶段的分组合作学习,使75%左右的学生能够掌握蹬转探肩与放球动作要领,并在理解放球时机的基础上,掌握突破上篮技术。

3. 体能综合素质练习

安排了俯卧撑、仰卧起坐抛球、打板接龙三类练习,使学生既能了解篮球运动素质练习的方法,又能培养学生学习篮球的兴趣,增强终身体育意识。

4. 结束评价部分

安排了太极拳进行放松练习,目的是让学生的身心得到放松;通过师生互评,体验学练效果。

第三节 课时计划(教案)的编制与案例

一、体育课教案的基本内容与格式

教案是预定的教学方案,是一种以课时为单位设计的具体的教学方案,因而有时也称为课时计划。体育课教案的格式纷繁复杂,这里仅从理论课和实践课两种课的类型出发,分析理论课教案和实践课教案格式及其应包括的基本内容。

(一)体育理论课教案

理论课教案的编写形式是多种多样的,如文字式、表格式、卡片式、教本眉批式等等,一般应包括以下内容:

- 教学课题及授课时间、班级等。
- 教学目标。
- 教学的重点、难点及处理方法简述。
- 媒体、教具、学具的规格与数量。
- 教学过程及时间分配。

- 板书设计。

- 课后分析。

(二)体育实践课教案

1. 文字式教案

按教学程序编写,具体形式为:a. 教材内容;b. 任务要求;c. 场地器材;d. 教学步骤;e. 预计生理负荷曲线;f. 练习密度预计;g. 课后小结。

2. 表格式教案

表格式教案是运用图表的形式将教案的内容科学、合理地分配到每一栏目中,其优点是清楚明了,目前大部分体育教师都采用表格式教案。

二、课时体育教学计划(教案)设计步骤

(一)确定学习目标

制定教案首先要依据单元教学目标和单元教学设计来确定学时的学习目标。目标要针对本课教材所要解决的主要问题,要符合大多数学生的发展需要。所制定的体育课目标要符合全面、明确、具体、可行等基本要求。

(二)根据单元教学计划的安排选定教学内容

如果本节课涉及两种以上教材,则应先确定其先后顺序,排列内容要符合运动负荷的基本要求。除特殊的教学目标和设计以外,一般要遵循先易后难、先简后繁、先负荷小后负荷大、先局部后全身等原则,然后根据各项内容的重点、难点再排列内容的练习顺序。

(三)选择教学方式和方法步骤

排列完教学内容以后,要根据各个教学内容的重点、难点考虑必要的教法,如提问、讨论、演示等教法和诱导性练习、辅助性练习等。

(四)选择合理有效的教学组织及措施

一般来说应考虑以下 10 个方面的问题。①教法的选用和运用顺序。选用什么教法?什么教法在前?什么教法在后?②教具的安排。需不需要教具?需要什么样的教具?是否需要购置和制作?如何进行演示?③分组和分组轮换的方法。按什么分组?分几组?需不需要交换场地?如何交换场地?④学生的调动。如何在最短的时间内完成学生队伍的调动?何种队形效果最佳?⑤如何有效利用场地与器材。有多少器材?用多少器材?如何使学生获得较多的练习次数?⑥学生自主练习的形式。给学生多少时间?什么时候给?教师如何进行指导？出现问题时如何集中？⑦交流与反馈。如何与学生进行情感交流？如何反馈学生的学习情况？如何进行过程中的评价？使用什么样的态度和语言？⑧集体性活动安排。要不要安排比赛和游戏？规则及要求如何？组织时会有什么问题？⑨安全措施。各个教学环节有哪些安全隐患？如何消除？万一出现危险时有哪些措施？⑩学生干部。需不需要学生干部的辅助？是否应该进行课前的培训？

（五）对课中各种活动的时间进行恰当的安排和分配

1.定出"课的各主要部分"的时间

2.定出"各项教学内容"的时间

3.定出"练习的次数"并算出时间

（六）设计课的生理负荷和练习密度

为了更好地实现体育课的教学目标，教师应以该班中等水平的学生为依据，根据教学内容、场地和器材条件、气候条件等，设计课的运动负荷，预测课中最高心率、全课的平均心率，还要根据教学人数及场地和器材情况设计课的练习密度。

（七）计划本课所需的场地、器材和用具

安排场地时要相对集中，以便于指导；要尽可能充分地利用学校现有的体育器材，以增加学生的练习量。设计后，应在"场地器材"一栏内填上本课所需的场地、器材和用具的名称、数量、规格，以便课前进行准备。

（八）课后小结

课后小结虽然是每节课后教师要完成的工作，但也是教案的组成部分。课后将本次课教学目标的完成情况、主要优缺点及改进的方面等扼要地写在"课后小结"的栏目中，以便为今后的备课和教学检查提供参考和依据。

案例八:水平四足球"抢截球"课时教学设计

教材分析	本节课教授内容选自人民教育出版社八年级全一册中第三章第一节"足球抢截"。本节课所学习的内容为足球训练和实战中常用的技术，其动作简单且破坏性大，容易获得球的控制权，因此，学习本节知识，有利于八年级学生在足球比赛中赢得机会。
学情分析	本节课授课对象为八年级学生，该年级的学生正处于青春叛逆期，情绪容易波动，自我意识形成，不善于处理人际关系等。因此，本节课需要根据学生的特点来提高课堂活跃性，使学生有较高的兴趣学习。本节课之前学过"头顶球"和"运球"技术，学生对足球的球性有一定了解，并能较熟练地运球以及控制球，这为对本节课的学习奠定了一定基础。

续表

教学内容	1. 足球抢截球中的正面跨步抢球。 2. 身体素质练习。
教学目标	1. 运动能力目标:通过学习足球抢截球动作,理解足球抢截球技术概念,能够说出正面跨步抢球的动作方法,使80%的学生能够做出足球正面跨步抢球的动作。 2. 健康行为目标:积极参与抢截球动作的学练,体验抢截球的成功乐趣,快乐学习,乐观开朗。 3. 体育品德目标:通过小组学习和比赛,培养学生的竞争意识,增强学生勇于拼搏的良好品质和相互合作、相互学习的团队合作意识。
教学重难点	重点:足球正面跨步抢截球技术动作。 难点:正面跨步抢截球的时机。
教学策略	老师:引导法、讲解法、示范法、纠错法。 学生:自主练习法、合作探究法、动作展示法。

课的结构	教学内容	教师活动	学生活动	组织与要求	运动负荷		
					次数	时间	强度
开始部分	课堂常规 1. 集合整队 2. 体委报告人数 3. 师生问好 4. 安排见习生 5. 宣布授课内容	1. 清点人数 2. 分发服装 3. 宣布上课	1. 听从安排 2. 快、静、齐 3. 上课准备	组织 ××××××× ××××××× ××××××× ××××××× ▲ (×为学生,▲为老师)	1	1分钟	小
准备部分	一、热身游戏 游戏规则:把班级分为两支球队,在5人制的足球场地进行比赛,进球多的一方获胜。	1. 组织学生安排,积极参与游戏,达到热身的目的。	1. 听从老师组织安排,积极参与游戏,达到热身的目的。	组织 5人制足球场地 要求:遵守游戏规则,对犯规者采取相应处罚。	1	5分钟	中
	二、足球裁判手势操 1. 出界手势左右手×4拍 2. 得分手势左右手×4拍 3. 发球手势左右手×4拍 4. 结束手势左右手×4拍	2. 带领学生当裁判、做徒手操,口令清晰,动作到位。	2. 跟随老师的口令认真做徒手操。	组织 ××××××× ××××××× ××××××× ××××××× ▲ 要求:保持安静,集合做到快、静、齐。	1	2分钟	小

续表

课的结构	教学内容	教师活动	学生活动	组织与要求	运动负荷		
					次数	时间	强度
	一、复习足球头顶球和运球 每人一球,在规定的场地内间隔一定距离单独练习头顶球和运球。	组织学生复习头顶球,熟悉球性,指导学生进行足球运球练习。	学生回顾头顶球技术动作要领,认真复习,能控制球并进行运球。	组织 ×××××× ×××××× ×××××× ×××××× ▲ 要求:学生在自己规定范围内练习,不要到其他人的场地内,以免造成冲撞受伤。	1次	2分钟	中
	二、导入 通过提问导入本节课所学知识点。	教师用问题导入提问:同学们看过世界杯比赛吗?觉得梅西的抢球和搓球帅不帅?同学们想不想学会这一绝招呢?	学生认真听老师的提问并积极回答。	组织 ×××××× ×××××× ×××××× ×××××× ▲ 要求:队列整齐,每位学生能听到老师的提问。	1次	1分钟	小
基本部分	三、学习 1.尝试"足球侧面合理冲撞抢球"	1.安排学生两个人一组,在足球场内尝试练习足球侧面合理冲撞抢球。	1.学生两个人一组,在足球场内尝试练习足球侧面合理冲撞抢球。	组织 足球场 要求:学生两人一组,在规定的场地内尝试练习。	3次	2分钟	中
	2.老师点评及讲解动作技术要领	2.老师集合队伍,讲解、示范正确的足球侧面合理冲撞抢球动作,强调动作重难点。	2.学生认真听老师讲解,看老师示范,原地模仿。	组织 ×××××× ×××××× ▲ ×××××× ×××××× 要求:队列整齐,学生认真听讲。	1次	4分钟	小
	3.两人一组练习	3.组织学生练习侧面合理抢球动作,强调易错点,强调安全。	3.学生两人一组进行侧面合理冲撞抢球,注意安全,不要故意伤人。	组织 足球场 要求:学生在规定的场地内进行练习,两人一组,相互配合,相互纠错。	10次	6分钟	大

续表

课的结构	教学内容	教师活动	学生活动	组织与要求	运动负荷		
					次数	时间	强度
基本部分	4.探究合作	4.组织学生分组,8个人为一个小组,在足球场内找一块地方练习,每组选出一个组长,由组长负责,在练习时相互纠错、相互指正,合作探究学习。	4.按照老师要求进行合作探究学习。	组织 [足球场] 足球场 要求:每组在规定的场地内进行练习。	1次	4分钟	中
	5.小组展示	5.组织每个小组派出代表进行展示,表扬动作技术较为规范的学生。	5.向动作技术规范的学生学习,虚心请教别人,促进共同进步。	组织 ×××××× ×××××× ▲ ×××××× ×××××× 小组展示队形 要求:注意观察,保持安静。	1次	3分钟	中
	6.教学比赛	6.分为4个小组,每个小组上场比拼,需要把本节课所学的技术动作与上节课的运球过人和头顶球充分结合在一起。	6.积极参赛,为了小组的荣誉而努力。	组织 [足球场] 足球场 要求:在规定的足球场内进行比拼,遵守规则。	1次	5分钟	大
	四、身体素质练习 立卧撑练习10个每组,做3组。	讲解、示范立卧撑动作,并提出练习要求。	按照老师的要求积极练习。	组织 ×××××× ×××××× ▲ ×××××× ××××××	30次	5分钟	中
结束部分	一、整理与放松 1.放松操 2.肌肉拉伸 二、课堂总结 1.老师点评、学生点评 2.布置课后作业 3.宣布下课	1.讲解、示范放松练习 2.播放音乐 1.给学生提出课后探究性问题 2.对本节课进行总结	跟着老师的口令进行放松练习。 回顾本节课所学动作;课后思考探究性问题。	组织 ×××××× ×××××× ▲ ×××××× ×××××× 要求:认真做放松练习;教师总结时认真听讲。	1次	5分钟	小

续表

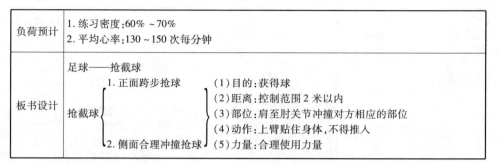

负荷预计	1. 练习密度：60%～70% 2. 平均心率：130～150 次每分钟
板书设计	足球——抢截球 　　　　　1. 正面跨步抢球　　　（1）目的：获得球 抢截球｛　　　　　　　　　　（2）距离：控制范围 2 米以内 　　　　　　　　　　　　　　（3）部位：肩至肘关节冲撞对方相应的部位 　　　　　　　　　　　　　　（4）动作：上臂贴住身体，不得推入 　　　　　2. 侧面合理冲撞抢球　（5）力量：合理使用力量

案例九：足球球性练习

"足球球性练习"教学设计

一、指导思想与理论依据

本课以"健康第一"为指导思想，以《义务教育体育与健康课程标准（2011 年版）》的基本理念为理论依据，遵循运动技能的形成规律。以学生全面发展为中心，积极引导学生体验运动的乐趣，在运动中形成团结协作、勇于拼搏的精神。学生获得成功的喜悦，并承受失败的锤炼。提高学生的体能和运动技能水平，培养学生的健康意识和行为，促进学生身心健康，注重学生健康与安全意识的培养以及良好生活方式的形成，促进学生全面发展。

二、教学背景分析

（一）教学内容分析

足球模块贯穿义务教育阶段和高中教育阶段，在体育与健康课程各水平阶段的教材中有着重要的地位。足球球性练习可以激发学生参与足球运动的兴趣，促进运控球技术的发展，提高技战术的执行效力。踩球、拉球、扣球和拨球等是球性练习的基本技术。教学重点为球性单个技术动作组合方法，教学难点是组合动作的连贯性，以及对球的控制性。水平四足球单元教学设计，共设计了 45 学时进行教学，球性学习单元教学计划包括两次课，一次是球性练习的单个技术动作，另外一次是球性练习的组合技术动作。第一节课进行了尝试性的足球小比赛和足球球性练习单个技术动作学习，学生积极性比较高，但是足球球性还比较差，关于足球球性练习的方法和手段比较欠缺。

（二）学生情况分析

本次课的授课对象是景德镇市十三中七年级（2）班的学生，本班男生 26 人，女生 22 人，共计 48人。全班同学来自景德镇市珠山区不同小学，由于珠山区所辖的各个小学的体育教学资源的差异性，以及学生对体育与健康课程的认知差异性，学生的学习态度、积极性、身体素质和足球技术差别较大。其中有 8 位同学有一定的足球技术基础，有 13 位参与过足球运动，但技术较差，大部分学生没有参与过足球运动。七（2）班男生活泼好动，模仿能力较强，学习主动性和积极性较强。女生较安静，足球学习积极性不高。第一节课进行了尝试性的足球小比赛和足球球性练习单个技术动作学习，男生积极性比较高，但是单个技术动作的运用还是不熟练，缺乏球性单个技术组合的科学理念和方法指导。

三、教学目标

（一）运动能力目标：学生学会运用正确的方法和手段进行足球球性练习，在小场地教学比赛中尝试运用组合技术动作进行运控球。通过本次课的足球游戏、球性练习及足球比赛，主要发展学生速度、灵敏和协调性等身体素质。

（二）健康行为目标：学生乐于参与课堂的足球学习、练习、游戏和比赛，勤于思考，重视安全。

（三）体育品德目标：能够和同学团结协作，努力拼搏，争取比赛胜利，能正确看待比赛成功与失败。

续表

四、教学重难点

教学重点:足球球性单个技术动作组合方法及运用。

教学难点:足球组合动作连贯性,以及对球的控制性。

五、主要教学方法、教学手段和教学资源

(一)主要教学方法

本次教学主要运用了示范讲解法、练习法、问答法、目标参照法、矫正错误法、个别指导法、观察评价法、游戏比赛法等教学方法。

1.示范讲解法和练习法:初中学生以形象思维为主,宜采用直观性教学,促使其形成正确的动作表象和概念;通过练习体验规范动作的方法和要领,并形成动作技能,遵循方法—体验—巩固—运用的运动技能形成规律。

2.问答法:通过问答法,强调动作要领,启发学生思维。

3.目标参照法:通过小组长的示范和领做,根据规范的参照标准,不断地模仿并修正自己的动作,最后建立规范的动作技术。

4.矫正错误法和个别指导法:发现共性问题及时集体纠正,个别问题个别指导,区别对待。

5.观察评价法:发挥评价的诊断、反馈、发展功能。

6.游戏比赛法:通过游戏和比赛的形式,创造技术运用场景,调动学生的练习积极性,体会不同情境下动作技术的灵活运用,学生在游戏和比赛中得到情感体验。

(二)主要教学手段

1.利用动作挂图和操场上的大屏幕辅助教师讲解示范动作。

2.采用集体练习、个体练习、合作练习、游戏比赛练习等多种方式,自我检查动作,相互观察评价动作。

3.利用在手臂和脚面上粘即时贴的方法,解决前脚的异侧手在体前的问题。

4.通过进行"飞毛腿"比赛和追拍游戏提高学生的反应和起动速度。

(三)主要教学资源

足球小门8个、足球49个、足球场一块。

六、教学程序

(一)教学结构

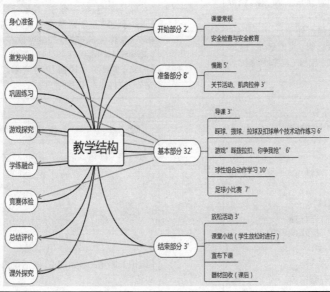

续表

(二)教学过程				
课的结构	教学内容	运动负荷		组织教法与要求
		时间	次数	
开始部分	课堂常规 1.体委整队集合,并报告人数 2.师生问好 3.老师宣布本次课的内容,并提出课的要求 4.检查服饰,安排见习生 5.安全教育与要求	2′	1次	【组织】成四列横队集合。如图1 图1 【要求】老师着装规范,精神面貌好,语言简明有力。学生集合快、齐、静,注意力集中。
准备部分	一、慢跑及带球慢跑 　1.学生慢跑,并根据老师口令做各种形式的慢跑,包括正向跑、倒退跑、侧向滑步跑、交叉步跑、跨步跑等等。 　2.运用脚的各个部位进行带球慢跑练习。 二、关节活动、肌肉拉伸 　1.颈肩,腰髋、膝、踝、腕等关节活动。 　2.肌肉拉伸 　抱膝提臀;前俯攀足;跪膝后坐;展髋盘膝;勾脚压腿;独立后拉。	5′ 3′	3圈 3圈 3×4×8 6×4×8	【组织】学生成单路纵队,围绕足球大禁区边线,每人间隔3米距离做各种形式的慢跑。慢跑结束,每个学生依次经过球筐,拿一个足球,沿着慢跑路线进行带球慢跑。老师站在大禁区中间喊口令、动作示范和领做。 【教与学】慢跑活动开始前,老师讲解慢跑活动的方法和要求,并示范领做。学生听讲、模仿,领会慢跑的方法和要求,并按照老师要求进行慢跑和带球慢跑活动。 【要求】老师口令清晰,并做示范。学生速度适中,保持间距,顺序有序,气氛轻松。 【组织】慢跑及带球慢跑结束后,并按顺序成四列横队,呈体操形站立,足球放在体前一米地面。 【教与学】老师喊口令,同时领做,学生跟做。 【要求】老师方法讲解简明清晰。学生跟做认真充分,拉伸动作幅度适宜。
基本部分	一、导课环节 　老师运控球,学生代表逼抢。 二、足球球性单个技术动作练习 　1.踩球 　(1)前进踩球 　(2)后退踩球 　2.拉球 　(1)前进拉球 　(2)后退拉球	3′	2次 3组	图2 【组织】组织队形如图2,该活动在四个小组中间实施。

48

续表

课的结构	教学内容	运动负荷		组织教法与要求
		时间	次数	
基本部分	3.扣球 （1）前进扣球 （2）后退扣球 4.拨球 （1）前进拨球 （2）后退拨球 三、足球游戏 　1.游戏名称 "踩拨拉扣，你争我抢" 　2.游戏方法 　学生两两一对，在规定的场地内进行运控球和抢断球练习，一名学生运控球，一名学生抢断球。学生运控球运用上节课学习的踩球、拨球、拉球和扣球等运控球方法。 　3.游戏规则 　抢断球的学生，脚触碰到运球学生的球，则运球学生出局。运球的学生自己将球运出界外，也视为出局。出局后两名学生位置互换，游戏继续进行。抢断球时，在接触球之前，抢断球学生不能和运球学生的身体有对抗性接触，如有接触，则视为抢断无效，球权继续归运球学生。 四、足球球性组合技术动作练习 　1.左脚内侧拨球—右侧脚掌拉球—左脚内侧扣球—右脚掌踩球。 　2.右脚内侧拨球—左侧脚掌拉球—右脚内侧扣球—右脚掌踩球。 　3.右脚背外侧拨球—右脚内侧扣球—右脚掌拉球—右脚掌踩球。 　4.左脚背外侧拨球—右脚内侧扣球—左脚掌拉球—左脚掌踩球。	6′ 6′	3组 3组 3组 2次	【教与学】 1.通过"石头、剪刀、布"游戏产生学生代表。 2.老师运控球，学生代表逼抢，其他学生观察。 3.老师提问，学生回答。老师总结，导入课程。 【要求】老师运用踩球、拨球、拉球、扣球动作运控球，学生代表逼抢。其他学生观察老师在运控球中采用的方法。 【组织】全班男女生人数均等随机分为四组，男生分为甲、乙组，女生分为丙、丁组，民主决议各小组组长。各小组在足球大禁区左右半场指定位置进行练习。老师站在四支队伍正中间位置，小组长站在队伍前面。（如图2） 【教与学】 1.老师领做，并喊口令强调动作要领，学生跟做，并体会动作要领。 【要求】老师示范准确，声音洪亮。学生反复练习，认真体会。 【组织】甲、乙、丙、丁四组分别在足球大禁区左右半场指定位置进行游戏。（如图3） 图3 【教与学】 1.老师讲解游戏方法和规则，学生运用方法，遵守规则进行游戏。 2.老师让学生在游戏中带着问题进行思考，仔细体会运控球用了哪种动作方法，并指出运用该方法时的情景。 3.学生发言描述动作方法运用种类及场景，老师总结出足球球性的几个技术动作。 【要求】老师视野开阔，全局控制。学生遵守规则，文明游戏。 【组织】甲、乙、丙、丁四组分别在足球大禁区左右半场进行练习。（如图4）

续表

课的结构	教学内容	运动负荷		组织教法与要求
		时间	次数	
基本部分	五、足球比赛 　1. 比赛方法 　　对抗两组学生两两一对，对手固定，互相抢夺球权。运用各部位和方法运控球，突破防守，运球至对方球门前，将球踢进对方球门。每小组底线安置两个小球门。比赛前，各组学生分别站在本方球门一侧底线或端线，一半学生运球进攻，一半学生无球防守。 　2. 比赛规则 　　足球被踢进球门，则该两人比赛结束。规定时间结束，则小组比赛结束，踢进对方门多的一方为胜方。抢断球时，接触球之前，不能和运球学生的身体有对抗性接触。否则，视为犯规，交换球权，从犯规的位置继续比赛。运球出界，则更换球权，从大禁区出界的底线、端线或者边线重新开始比赛。	10′ 7′	2组 2次	 图4 【教与学】 1. 老师讲解足球球性练习组合技术动作的方法和要求，同时做示范。学生听讲，同时模仿技术动作。 2. 老师领做组合技术动作，学生跟做，速度由慢到快。 3. 老师总结。表扬练习认真刻苦和技术优良的学生。动作技术环节表现好的学生出列展示。 【要求】老师语言清晰、口令明确、讲解正确、示范标准、充满热情。学生认真模仿、积极体会、气氛活泼、勤于思考、勇于提问。 【组织】男女各两个裁判，老师将全班男女生人数均等随机分为四组，甲、乙组（各12人）和丙、丁组（各10人）。男女生分别在足球大禁区左右半场进行比赛。比赛结束的学生回到各自球门底线成一列横队站立。（如图5） 图5 【教与学】 1. 老师讲解比赛方法和规则，带领学生熟悉方法和规则，并进行尝试性比赛。 2. 老师强调比赛注意事项，吹响第一次比赛哨声。甲、乙组和丙、丁组开始正式比赛。 3. 裁判统计数据。老师表扬先进，鼓励落后。 【要求】关注学生，全局控制。遵守规则，文明比赛。

续表

课的结构	教学内容	运动负荷		组织教法与要求
		时间	次数	
结束部分	一、放松活动 　　1.拉伸臀部、大腿、小腿等各疲劳部位肌肉。 　　2.按摩拍打，按压臀部、大腿、小腿等各疲劳部位肌肉。 二、师生小结 三、师生再见 四、回收器材	3	1次	【组织】成四列横队，如图1。 【教与学】 1.老师语言指导并示范，学生进行拉伸和按摩拍打放松活动。 2.老师总结本次课的任务完成情况，并宣布下次课教材内容，布置课外活动作业。 3.老师说"同学们再见"，学生说"老师再见"。 4.各小组长清点器材，和同学一起归还器材。 【要求】认真放松、力度适宜；认真仔细、协同合作、注意安全。

运动负荷生理曲线图

运动生理负荷曲线图

课的结构																	
	1	2	3	4	5	6	7	8	9	10	11	12	13	14	15	16	17
时间	0	2	5	8	11	14	17	20	24	27	30	33	36	39	41	42	45
心率	75	78	149	123	132	138	142	145	153	135	136	135	153	162	145	131	118

场地器材	足球49个；8个小足球门	练习密度	平均心率
		70%	135～140/分钟

安全措施	1.游戏和比赛规则科学合理，抢断球不能进行身体对抗性接触。 2.强调学生遵守游戏规则和比赛规则。 3.足球大禁区面积约650平方米，人均约14平方米，空间人数密度适宜。

教学反思	

思考与练习

1.如何做好一个完整的体育教学设计？

2.简要概括一下体育教学设计的流程及操作方法。

3.以快速跑为例编写一套教案。

第四章　体育微格教学基本技能及案例

第一节　导入技能

[内容提要]

　　英国教育学家罗素说过："一切学科本质上应该从心智启迪开始。教学导入应当是引火线、冲击波、兴奋剂，要有撩人心智、激人思维的功效。"课堂教学导入，是开展课堂教学的重要步骤之一。好的导入，是学生学习的"启动器"。教学导入是一门技能、艺术，体现了教师的职业素养。本节主要叙述了导入技能的含义、作用及构成要素，指明了导入的运用原则、注意事项、导入类型，并通过案例介绍了具体的导入方法。

一、导入技能的含义

　　导入是一堂课的起始环节，是将学生非学习状态转入本堂课学习的准备阶段。所谓"导入"，即一"导"二"入"。导，就是"引路"的意思，指的是教师以教学内容为目标，用巧妙的方式引发学生对学习的渴望，引导学生进入学习状态的方式。入，即进入学习之门，是让学生从课间活动玩耍的状态进入本课堂内容的学习上来，从导语中捕捉到即将进行的教学内容的头绪，形成学习的内部诱因，帮助学生明确学习目的，进而积极地接受教师的启发诱导，从而愉快地进行师生互动。

　　导入技能又称为导入法，是指教师在课堂教学的起始阶段，用巧妙的方法创设学习情境，集中学生注意力，激发学生的求知欲，帮助学生明确学习目的，引导学生快速进入学习状态的一类教学行为方式。导入技能是一项具有悠久历史渊源的基本教学技能，是教学过程中的重要环节。它被广泛应用在各种类型的课堂教学中，并经常与提问、讲解等教学技能整合应用，其理论依据是启发式教学思想。中外许多伟大的教育学家都十分强调"启发"教育，从孔子的"不愤不启,不悱不发"、苏格拉底的"产婆术",到杜威的"思维五步教学法"以及马赫穆托夫的"问题教学法"等均蕴含着启发式教学思想。

二、导入技能的作用

课堂导入是整个课堂的前奏,也是一堂课成功的关键环节。如若开始几分钟的导入设计得好,会给一堂课的成功奠定良好的基础。好的课堂导入能一下把学生的注意力吸引过来,唤起学生的学习兴趣,燃起智慧的火花,开启思维的闸门,激发学生渴望学习的心理状态,为课堂教学打下良好的学习基础。

(一)安定情绪,吸引学生注意

良好的注意力,是大脑进行感知、记忆、思维等认识活动的基本条件。在学习过程中,注意力是打开我们心灵的门户。但实际上,学生在上课前,常处于"注意力不集中"的心理状态。因为学生通过课间休息的打闹与嬉戏,兴奋点还停留在与教学内容毫无关系的课外活动上面,如果不将学生的情绪安定下来,学生可能会在课堂的前一半时间里还无法集中注意力。另外,体育教学通常是在室外进行,干扰因素较多,学生的注意力不易集中。此时,教师便可以根据学生注意力的特点,利用引起和保持注意的规律,巧妙地导入新课,使学生离开与课堂学习无关的活动,集中注意力,一上课就能把兴奋点转移到课堂上来。在这样的情况下开始上课,教师的讲课才能句句入耳,点点入地,像磁石一样把学生的注意力牢牢地吸引住。

(二)激发兴趣,引发学生学习动机

伟大的科学家爱因斯坦说过,"兴趣是最好的老师"。体育兴趣是人们力求积极认识和优先从事体育活动的心理倾向,它与参与体育活动的需要相联系。如果学生对体育活动感兴趣,就会产生学习动机,积极主动且心情愉快地投入到体育学习中去。有效的导入可以激发学生对所学知识的兴趣,可以帮助学生积极主动地参与到课堂教学中去。学生带着兴趣主动去学习,可以满足内心对知识、技能的渴求,比被动接受知识、技能的效果更好。所以,好的教师总是能在导入时激发起学生强烈的兴趣,使学生以迫切的心情渴望新课的开始。学生将带着对接受新知识、新技能的渴望积极主动地投入到课堂教学活动中去。

驱动学生学习的内在动力是行为的原动力,有时甚至是行为的直接原因。教师应千方百计激发学生的学习动机,使学生在课堂一开始就产生一种学习的内驱力,产生强烈的学习自觉性和主动性,并处于待命状态。例如,在课堂开始,提出问题或疑问,等待学生解答,可引发学生对教学内容产生兴趣,当学生最终找到答案时,会有一种成就感;帮助学生明白所学知识与现实生活的联系,让学生了解所学知识的潜在价值和意义,一旦学生意识到知识的有用性,就会极大地增强学习的积极性和主动性。

(三)明确目的,蕴示教学内容

教学是师生共同参与的活动,不仅要求教师具有明确的教学目的,还要求学生具有清晰的学习目的。而有效的导入能够将学生带入所要学习的知识领域之中,为学生的学习产生定向的作用。通过导入,学生可以明晰本节课的教学目标和教学内容,能够自觉地以目的为方向来监控、调整自己的学习。通过对与学习目标有关的知识、技能的联想,促进学习的持续和迁移,进而达到提高学生学习心向的目的,更好地突出以"教师为主导,学生为主体"。

(四)开阔视野,启发学生思维

课堂导入是启发学生思维的开始,富有创意的导入、点燃学生思维的导入往往会博得学生的好感,拨动学生的心弦,引起共鸣,取得通往学生心灵的通行证,为教学之间的信息交流、情绪反馈打开通路;使教师的讲课建立在学生对教师的期待、信赖、尊重、理解的基础上,为教与学的有效配合奠定基础,营造和谐愉悦的课堂心理气氛。

(五)建立联系,为学习新知识做引子和铺垫

学生愿意学,就会产生自觉性。教师在上课开始时,利用已知的素材做"引子",能自如地导入新课题;通过对实例、实验的观察导入,经分析、综合、抽象和概括等思维加工,得出的新概念容易被学生理解和掌握,以其所知,导其不知,建立联系,铺设学习的桥梁。

(六)组织引导

在学习新课之前,向学生说明学习目的,指明学习任务、方法和进度等,使每个学生都了解要学习什么,应达到何种程度。

三、导入的构成要素

为了实现导入技能的功能,教师首先应该理解和把握导入技能的构成要素。导入技能要素是一个完整的课堂导入过程所必须具备的主要成分,不管是什么类型的导入,都要包含这些要素,才能成为完整、有效的课堂导入。典型的导入结构一般由下列要素构成:引起注意→激发兴趣→明确目标→进入课题。

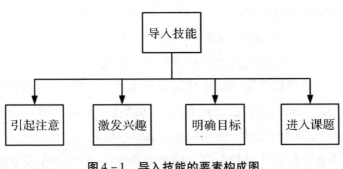

图 4-1　导入技能的要素构成图

（一）引起注意

在新的教学内容开始时，吸引学生的注意是很重要的。导入的设计要从如何把学生的心理活动保持在教学行为上出发，使与教学无关的活动迅速得到抑制。一位善导的教师从导入开始，就要采用多种方法引起学生的无意注意，并引向有意注意。在导课的开始阶段，教师应先根据导入的内容来创设一个问题情境，给学生发出"上课了"的信号，帮助学生集中注意力，进入准备学习的状态。

（二）激发兴趣

一切学习都是在一定的环境条件下进行的，这种教学环境除了物理意义上的存在外，更重要的还有心理意义上的存在。它反映的是学生对学习的主观愿望、对知识的渴望和追求以及在学习中伴随着一种积极的情感体验，使他们主动地投入到学习中去。因此，激发兴趣也是导入的重要一环。成功的导入，能够充分激发学生的兴趣，引起学生情感上的共鸣，使学生产生积极主动的学习动机，多感官参与学习。教师在导入时应根据不同的教学内容和特点，采用多种形式激发学生的学习兴趣，使学生产生学习的积极性和自觉性以及克服学习中的困难的决心和动力。

（三）明确目标

完整的导入机制还应该引起学生的学习期待，形成目标指引。在导入过程中，教师要适时地讲明学习的目的和意义，要帮助学生明确新课题的教学目标。教师通过预测学生的知识、技能、能力和情感等将产生哪些变化，并明确按照怎样的程序和运用什么方法去学习，使学生在课的开始就明确本次课的学习内容和应该达到的学习目标。

（四）进入课题

在一个完整的导入过程的结尾阶段，教师应该通过语言或其他的行为方式,使学生明确导入阶段的结束和新课学习的开始。导入的设计要把学生将要学习的知识和学生已有的知识联系起来,要充分了解并利用学生原有的知识和能力,以其所知与其所不知,有效地使学生的思维迅速转入教学目标,注意力集中到本次课所要解决的问题和动作技能重难点上。心理学研究表明:学习者必须积极主动地将新知识与自己已经有的认知结构中有关的旧知识发生相互作用,旧知识才能得到升级改造,新知识才能获得实际意义。

虽然一个典型的导入过程由以上四个要素构成,但这四个要素的界限并不明显,甚至互相交融。因此,在具体操作过程和实际教学中,教师要灵活运用,不能机械照搬,应当具体情况具体分析,做到科学性与艺术性、规范性与灵活性的统一。

四、运用导入技能的原则与注意事项

(一)运用导入技能的原则

导入技能是极具艺术性和创造性的,是各种课堂交流基本技能的综合运用,直接影响学生的学习情绪和效果。在设计和实施中,应遵循下列原则:

1. 针对性原则

导课的针对性包含两个方面:其一,要针对教学内容而设计,使之建立在充分考虑与所授教材内容的有机内在联系的基础上,而不能游离于教学内容之外,使之成为课堂教学的累赘;其二,要针对学生的年龄特点、心理状态、知识能力基础、爱好兴趣的差异程度,引入新课时所选用的材料必须紧密配合所要讲述的课题,不能脱离主题,更不能引用与课题有矛盾或有冲突的材料。

2. 多样性原则

课的导入应根据不同的教学内容、不同的教学对象、不同的课型灵活多变地采用各种方法,做到巧妙、新颖,不能千篇一律。固定单一的方法会使学生感到枯燥、呆板。课的导入常常是多种导入方法的综合运用,这就要求教师除了要有精湛的演讲艺术外,还必须有丰富的资料和广博的知识,才能灵活运用各种各样的导入方法,从而使课堂更加活泼,更加引人入胜。

3. 简洁性原则

作为课堂教学前奏曲的课堂导入,虽然是教学过程的一个重要环节,但不是中心环节,它只为中心环节做铺垫。课堂导入的时间不宜过长,否则会冲击新课的讲述。教师引入新课时应言简意赅,力争用最少的语言在最短的时间内

集中学生的注意力,使学生迅速进入学习情境。一般在 3~5 分钟内迅速缩短学生与教师之间的距离及学生与教材之间的距离,将学生的注意力集中到课程内容上来,完成向新课教学的过渡。若导入时间过长就会使导入显得冗长,从而影响本节课的进程。

4. 整体性原则

教材的结构是根据知识的内在联系来设计的,在教学过程中,教师不仅要注重新旧知识的前后衔接,而且还要特别注重知识之间的纵向联系与知识模式内部的横向联系。同时,学生的认知是由具体到抽象、简单到复杂、知之不多到知之较多循环反复的形式发展的,所以导入时,要强调知识模式的内化与学生思维模式的形成,这就是以学生认知结构为主体,通过知识模式的构建而形成一个教师、学生和知识三者之间的整体系统。导入技能的灵活运用,是组成该整体系统的要素之一。

5. 启发性原则

启发式教学的精髓,是教学成功的关键,也是改革传统教学"填鸭式"模式的有效方法之一。导入时要创设一种"愤""悱"状态,采用启发诱导的方法,激发和调动学生的学习积极性,引导学生独立思考、积极探索,生动活泼地投入学习。教师应认真研究教学内容,有针对性地选择素材,既要注意选材的直观性、通俗性、新旧知识的衔接性,又要注意导入内容的新颖性、探索性,吸引学生的注意力,启发学生对新知识热烈的探求。

6. 趣味性原则

新课之始,教师要根据学生的年龄特征和学习状态,结合学科教学的特点,运用各科历史典故、名人轶事、问题悬念、日常生活中的具体事例、高科技新成果等,在教师的精心组织和编排下,作为沟通师生之间感情交流的媒介、新的知识桥梁而导入新课,做到引人注目,语言幽默风趣,引人入胜。

7. 情感性原则

情感是教师和学生之间相互作用的教学过程。导入新课时要千方百计激起学生感情上的共鸣。这种感情一旦被作用于教学认知活动,其效果就会明显增强。

(二)运用导入技能的注意事项

教师在上新课或引导学生学习新的内容时,要恰当地应用导入技能,把握好导入的时机,同时,要在导入的时间里,充分调动学生学习的积极性,使学生尽快投入到新的学习中。

1. 把握导入时间

导入的时间要适宜。导入仅是一个引子,而不是内容铺开的讲授,故导入时间不宜过长,一般以 2 ~ 5 分钟为宜。导入时间过长,容易喧宾夺主,分散学生的注意力。导入时的语言要力求简洁明了,切忌冗长拖沓。因此,在导入时一定要合理取材,控制好时间,用简洁的语言,力求做到恰到好处,适可而止。

2. 调动课堂气氛

导入是一堂课的开场白,是将学生由课间活动的状态转入本堂课学习的准备阶段,它往往有安定学生情绪、激发学习兴趣、把握学习目标、拉近与学生的情感距离的作用,要发挥这样的作用,导入的设计很重要,同时教师在课堂上实施导入设计也很重要。

教师在开始导入的时候,要注意观察学生的状态。有时上课伊始,学生的学习心理准备不充分,师生之间会有一定的心理距离;有时受天气或其他因素的影响,学生的精神状态或情绪会不佳。这时,教师就要运用一些技巧,从情感上靠近学生、体谅学生,使学生尽快进入学习状态。

另外,教师的精神状态直接影响到学生的学习情绪。如果教师自己缺乏课堂教学的激情,学生则会失去参与的热情。教师在导入的时候要根据导入的内容和学生的情况运用恰当的语音、语调、语气和措辞,以饱满的热情引导学生进入学习状态,最大限度地调动学生探求知识的主动性。

五、导入技能的类型

教学没有固定的形式,一堂课如何导入也没有固定的方法。由于教育对象不同,教学内容不同,每堂课的导入也必然不同。即使是同一教学内容,不同的教师也会有不同的导入方法。但无论采用何种导入方式,导入的关键在于教师对教材的理解、熟悉程度和对学生特点的了解、研究程度。体育教师应根据学生的年龄、精神面貌、个性特点等,结合教学内容经常思索,认真选择导入类型,设计出最合适、有效的课堂导入。一般来讲,在体育教学中常见的导入技能类型有以下几种。

(一)直接导入

直接导入就是教师直接阐明学习目标和要求以及本节课的教学内容和安

排,通过简短的语言叙述、设问等引起学生的关注,使学生迅速地进入学习情境。这种导入能使学生迅速定向,对本节课的学习有一个总的概念和基本轮廓。直接导入可以节省教学时间,尽快地进入新内容的学习。

案例一:高二学生的跨栏跑——过栏技术:"跨栏步"

集合整队后,老师说:"同学们,看到场地上的器材,想必大家都已经知道了我们这节课的学习内容。从这节课开始,我们就进入了一个新的教学单元——跨栏跑。跨栏跑又可以叫作障碍跑,它包括起跑至第一栏的技术、过栏技术和栏间跑技术。我们这节课主要学习跨栏跑的过栏技术,希望同学们在课堂上勇于挑战自己,都能够像刘翔一样优美地跨越栏架。大家有没有信心?"直接导入有其局限性,过于笼统、概括,也过于刻板枯燥,缺乏强烈的感染力,因而不易激起学生的学习兴趣。若把握不好,容易平铺直叙,流于平淡。因此,直接导入较适用于课题新颖,游戏性、锻炼性较强的课型;高年级条理性强的教学内容比较适合用直接导入,年龄较大的学生学习的自觉性较高,直接导入能够较好地引导学生进入新课程的学习。

(二)情境导入

情景导入就是选用语言、设备、环境、活动、音乐、绘画等各种手段,创设一种符合教学需要的情境,以激发学生的学习兴趣,使学生处于积极学习状态的一种技法。情景导入主要适用于小学低、中年级学生,利用低年级学生热衷于模仿、想象力丰富、形象思维占主导的年龄特点进行生动活泼和富有教育意义的教学。这种方法主要遵循儿童认知和情感变化的规律,多是在课堂伊始设定一个"情景",甚至用一个"情景"来贯穿整个单元和课的教学过程,让学生参与以情节串联起来的各种活动。例如,教师引导小学生学习"双脚向前行进跳"的动作时,选用"小白兔采蘑菇"游戏,告诉小学生:"有一天,一群可爱的小白兔要上山采蘑菇,山上有黑熊,小白兔要跳得轻,不要惊动大黑熊。"孩子们为了不惊动大熊,常会把落地的动作做得很轻。小学生通过模仿小白兔的动作,既学习了"双脚向前行进跳",又解决了落地较重的问题,突出了教学重点,达到了以情引趣、趣中导向的目的。

又如,引导小学生练习原地纵跳触物的动作时,教师告诉学生:"金色的秋天,树上的苹果、梨、葡萄等熟透了,农民伯伯都在忙着收获。小朋友们愿不愿意帮助农民伯伯摘果子?可小朋友们够不着果子怎么办?对了,我们就跳起来摘,看谁跳得高,摘得多。"通过这段故事的导入,孩子们热情很高,根据教师的示范,一次又一次地练习双脚原地纵跳的动作。运用此法,教师必须从教学实际内容出发,精心组织、巧妙构思,创造良好的符合教学需要的情境。此外,教师设置情境应注意要有明确的目的意识,以此激发学生的情感,引发学生的思维,陶冶学生的情操,等等。情境导入时,一定要充分调动情境诱导和竞争欲望,做到让学生"入景",避免出现导而不入的现象。

案例二:小学三年级学生的身体基本活动能力和武术基本功提高课

在教学开始阶段,教师导入情境:"同学们,大家喜欢孙悟空吗?你们是不是也希望能像孙悟空那样身体矫健、力大无穷呢?要身体矫健和力大无穷就要勤于锻炼,大家看我们操场上的'快乐体育园地'中有很多的体育设施,今天就让我们利用这些设施锻炼身体。你们就是一群小猴子,老师今天就是老猴王,带着你们做练习,好好练练本领,好吗?"

(三)直观导入

所谓直观导入,是指教师通过动作示范、多媒体课件演示、录像、实验等形式,引导学生观察,提出新问题,从解决问题入手,自然过渡到新课学习的技法。它的优点在于符合学生形象思维的学习特点,能使学生充分感知外界的各种刺激,更利于学生建立清晰、明确的动作概念,加深理解和记忆,增强学习的效果。

在体育课教学中,尤其是武术、体操教学中,动作示范是最常用的一种直观导入方式。示范是教师以具体动作作为范例,使学生明确所要学习的动作形象和技术特征的一种方法。准确、熟练、轻巧、优美的动作,能在给学生美的享受的同时,使学生在知觉意向中产生钦佩的连锁反应,引起学生的有意注意,给学生留下较深的印象,激发学生跃跃欲试的情绪,促进学生自觉积极地参与教学活动。

动作示范可由教师自身完成,也可由学生完成,还可以通过多媒体课件演示、技术动作视频等形式完成。如讲授新课前可组织学生观看技术动作图片:有位体育教师在上女生背越式跳高课时选择用照片翻印的幻灯片,示范者是本校同年级的三名女同学。幻灯片一出示,学生顿时兴奋起来,因为他们已经认出了示范者,感到很亲切,容易接受,因而对幻灯片中的技术动作观察得很仔细,增强了完成动作的信心,为教学的顺利进行开了好头。

案例三:高一学生"形神拳"教学

"同学们,你们想不想成为'武林高手'啊?"

"想!"同学们异口同声地回答。

"好,这一节课老师就来教授你们一套'上乘武功'——形神拳。在学习之前,老师先给大家表演一下全套示范动作,好不好?"

"好!"

教师动作连贯、一气呵成地打完形神拳,赢得学生的一片掌声,这时每位学生都会产生强烈的模仿心理和跃跃欲试的学习心态。教师利用这个时机开始教学生形神拳,学生兴致勃勃,学得很快,导入取得了一定的效果。

此外,在体育教学中,实验导入也是常见的直观导入方式之一。在推行素质教学的今天,对于体育课的教学,教师不仅要向学生传授体育知识、技术、技能,也应有意识地培养学生分析问题、思考问题和获取知识的能力。为此,教师在教学开始之时可根据教学内容设计一些富有启发性、趣味性的实验,使学生在感官上受到刺激,让学生进行观察思考,通过积极思考解决疑难问题,并从中得出正确的结论,从而揭示出本次课的教学重点。例如,在一堂投掷标枪课前,教师做了这样一个实验:将一根长竹片比作身体,在它的一端放置一个小石子,将竹片弯成"满弓",然后立即松开放有小石子的一端。这时小石子在竹片弹力作用下迅速飞了出去,而且竹片弯度越大,小石子就会飞得越远。通过这一实验,学生就会理解为什么在投掷标枪时必须做好"满弓"这一动作,这就从理论上为下一讲解和组织练习奠定了基础。

案例四:水平二学生"前滚翻"教学

为了让学生对"团身"这一技术要素有深刻的理解,教师课前设计了这样的实验:在教学开始,老师先不急于进入正题,而是在体操垫上放置一个球和一块砖。

老师说:"我给这两样东西同时施加一点力,哪个滚得又快又远呢?"

同学们肯定回答是皮球。

紧接着老师又问:"皮球为什么会滚,而砖不会呢?"

有的学生回答:"皮球是圆的,而砖是方的。"

"好,下面我们就学习像皮球一样的滚动动作,它就叫前滚翻,大家愿意学吗?"

同学们异口同声地回答:"愿意!"

"今天我们学习的前滚翻要运用刚才实验的原理,只要你在滚翻时把身体团紧就能像皮球一样平稳地在垫子上滚动,相信同学们会做得更好。"在接下来的学习中,学生较好地掌握了团身的技能。

(四)技能迁移导入

技能迁移是指一种技能的学习对另一种技能的学习和应用产生影响的过程或现象。技能迁移导入也可称为旧知识导入或原知识导入,通常是通过对旧技能进行复习、练习等活动,对结构不同的两个新旧动作进行比较,在找出它们技术环节差异的基础上,由不同点导入新动作的一种方法。现以"脚内侧踢球"导入"脚背内侧踢球"为例予以说明,我们都知道,这两种踢球方法的技术环节是一致的,都包括助跑、支撑、摆腿、击球、随前五个动作技术环节,所不同的在于击球时脚的触球部位不同,一个用脚弓,另一个用脚背内侧。因此,实践中我们可以这样导入:首先做几次"脚内侧踢球"的示范,让学生看清楚并明白这是哪种踢球方法;然后再做"脚背内侧踢球"示范,让学生对两种踢球方法进行比较,并回答出有什么不同。当学生正确回答出教师的提问时,教师便点出课题,导入新内容。这种导入方法在导入新内容的同时,复习了旧内容,便于对运动技术的系统教学。在运用技能迁移导入时还要注意以下几点:

(1)要提示或明确告诉学生新旧技能的联系点,以引导他们思考,从而明确新旧技能之间的联系,进入新的学习。

(2)通过有针对性的练习为学习新技能做好铺垫,使之与新技能之间有一个紧密联系的"支点",从复习到讲授新课过渡得连贯自然。

(3)运动技能的迁移是把双刃剑,既有对运动技能的学习和掌握有促进作用的正迁移,同时又有干扰作用的负迁移,因此在运用技能迁移导入时,教师要特别注意科学把握技能迁移规律,增加正迁移的发生,减小或避免负迁移的干扰和影响,以追求技能迁移总体效应的最优化。

案例五:水平四学生"山羊分腿腾越"教学

在准备活动中,首先安排一个专项练习——"跳背"。练习前,老师先给学生讲清楚练习方法,并把起跳和推手作为重点,经过反复练习,绝大多数学生都熟练掌握了"跳背"。然后,老师换用山羊做练习器械并告诉学生:"下面我们将学习一个与'跳背'练习近似的动作——山羊分腿腾越。"这样就在练习时,自然导入了新内容。通过做"跳背"练习,提高了学生练习的积极性,并使学生初步形成了分腿腾越障碍的动作定型,为腾越山羊打下了技能迁移的基础,同时消除了学生跳山羊时的恐惧心理,使学生愉快地学习。

(五)设疑导入

古人云:"学起于思,思源于疑。"疑是学习的起点,有疑才有思考,才有所得。设疑导入是指教师不断巧设带有启发性的悬念疑难,创设学生的认知冲突,唤起学生的好奇心和求知欲,激起学生解决问题欲望的导入方法。一般来说,产生认知冲突的方法有以下几种:

(1)惊奇——展示违背学生已有观念的现象。

(2)疑惑——使学生产生相信与怀疑的矛盾。

(3)迷惑——提供一些似是而非的选择,学生已有的经验中缺乏可以辨认的手段而产生迷惑。

(4)矛盾——在推理的过程中,故意引出两个或多个相反的推理,使学生产生认知冲突。制造疑问的目的主要有两点:一是激发兴趣,二是启动思维。好奇之心,人皆有之,利用悬念激人好奇,催人思索,往往能收到事半功倍的效果。疑问、矛盾的心理有利于调动学生积极主动的思维,是启发学生进行思维活动的有效途径。这种导入类型能使学生的思维活动和教师的讲课交融在一起,师生之间产生共鸣,使学生主动学习。运用此法导入要注意:

①教师要根据学生的年龄特征与身心特点,结合教学目标与内容,在教学难点和教学重点中设疑。如在结束跨越式跳高后、学习背越式跳高前,可设问"跨越式和背越式哪种方法跳得更高""如何掌握背越式跳高技术",使学生产生探究心理,期待学习,增强求知欲。

②以疑激思,善问善导,问题设置要难易适中:过易,不能继续深入;过难,则无从下手。

案例六:水平四学生"篮球单手胸前传球"教学

集合整队后,教师首先叫了两名学生,一位接传球,一位防传球。教师面向全体学生说:"上节课我们学习了双手胸前传球,假如在传球时面前有防守队员,我们该怎样传球呢?"学生纷纷回答,提出了许多种传球方式,教师接着说:"下面我在××同学积极防守的情况下,采用一种方式传球,请大家注意观察我的动作,随后将回答两个问题:第一,球是从防守者的什么位置传过去的? 第二,为什么能够传过去,而××同学却得不到球?"教师的提问立即将学生的注意力全部吸引到教师的示范动作上来,随着教师的示范,课堂的气氛活跃了,并不时对教师精彩巧妙的传球发出赞叹。示范结束后,同学们兴致勃勃、争先恐后地回答了两个问题。教师接着说:"刚才大家看到的传球方式就是我们今天要学习的单手胸前传球。"

案例七:水平四学生"快速跑"教学

集合整队后,老师说:"同学们,谁知道风是怎样形成的?"(老师没有先宣布学习内容,而是在课的开始设置了一个问题,给大家留下了一个悬念。)经过了短暂的沉默后,同学们纷纷举手回答:"风是由空气对流形成的。""同学们,空气有没有阻力?"老师又向大家提出了一个问题。"有。"同学们轻而易举地回答了问题。"今天,老师要让大家利用空气的阻力练习快速跑。"(这节课的教学内容出现在这里。)老师取一张报纸贴在胸前,做着快速跑的示范动作,报纸贴在胸前纹丝不动。接着同学们按照老师的要求分散开来,指着规定的方向,各自独立地进行着尝试,体验着快速跑的感觉。

(六)游戏导入

体育和游戏有着密切的联系,可以说体育从本质上来讲就是一种游戏,得有娱乐、玩耍性质。加之游戏种类繁多,形式和方法灵活多样,深受青少年喜爱。因此,在各级各类学校体育教学中游戏被广泛采用,教师可选择与教学内容相关的游戏,调动学生学习的积极性,进而导入具体教学内容。如"人盯人防守"战术教学内容的导入,首先在两组学生之间,用篮球传接球的方法,在半场范围内,做"形影相随"的游戏。游戏中给学生突出强调人盯人防守的要求,即不让自己所防守的对方队员接到传来的球。当游戏结束后,教师总结游戏,并用启发诱导式的语言,给学生讲解什么是"人盯人防守"这一概念。通过游戏和讲解,学生有了感性认识,为战术学习打好基础,然后导入教学内容。这种导入方法能够收到"润物细无声"的效果。由于游戏的形式和名称不尽相同,因此对利用游戏导入新课提几点建议:

(1)选择游戏要紧扣教材。

(2)选择游戏要新颖、有趣味,能引起学生兴趣,激发学习动机。

(3)选择游戏要有启发性,能促进注意力集中,提高思维活动能力,开发智力。

(4)选择游戏要根据学生年龄、性别和心理、生理特点。

案例八:运用游戏导入进行体育教学的范例——小学一年级"前滚翻"教学

单元教学时数：1 课时

教学对象：小学一年级

做好了很有趣味的准备活动后，王老师说："我们先做个游戏吧，我们一起做个'看天'的游戏。"

"我们要一起低头看天。"（学生为难了：这低着头怎么看天呢？）

王老师："你们自己想想办法，怎么能低头看天？"

于是学生们纷纷尝试，不一会儿，一个聪明的学生学到了方法，于是同学们纷纷模仿，大家都趴在地上从两腿之间看天，如图4－2。

图4－2

王老师又说："我们再做第二个游戏——看谁坐得快。"老师叫出一个学生和他比赛。两人站在垫子后面，发出口令后看谁先坐在垫子上，结果学生跑到垫子上坐下，而王老师做了个前滚翻坐下，当然是王老师坐得快。王老师怕学生不服气，又做了一遍，结果还是一样。场景见图4－3：

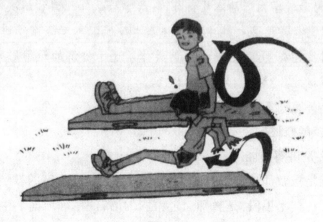

图4－3

做完两个游戏后,王老师说:"我们现在把两个游戏一块做一遍,先做'看天',再做'看谁坐得快'。"在两个游戏中学生不知不觉地学会了前滚翻后,王老师才告诉学生:"今天我们学会了一个动作,叫作'前滚翻'。"

除了以上介绍的几种常见的导入方式外,还可以用故事导入法、新闻导入法等等,这里就不再一一赘述了。总之,导入的方法是多样的,我们在选用具体的导入方法时,一定要依据教学内容、任务,学生的年龄特征、知识水平、身体素质条件以及兴趣爱好的不同而定,方法上力求灵活多样,同时也要服务于体育教学的整体效果,只有做到这一点,导入才有它的作用和意义。

思考与练习

1. 什么是导入技能?它有哪些构成要素?

2. 常见的导入技能类型有哪些?并说出每种导入类型的特点。

3. 导入技能的运用原则及注意事项有哪些?

第二节 讲解技能

[内容提要]

讲解是教师在教学过程中,从学生的实际出发,突出教学的重点,用精练的语言,准确地揭示教学内容的本质特征,教给学生认知规律和解决问题的方法。讲解技能是课堂教学诸多技能中的一种基本技能。本节介绍了讲解技能的含义、特征、作用及构成要素,并通过案例具体阐述了讲解的运用原则、注意事项和讲解的类型。

一、讲解技能概述

(一)什么是讲解技能

讲解技能是指教师从具体的教学实际出发,为完成一定的教学任务而灵活运用讲解的一种技术手段,是教师通过精彩的语言,精练地向学生传授知识的一种高度娴熟的心智技能。在体育教学中,教师对学生学习的指导是通过多种方式和方法进行的,如直观演示法、语言法、练习法等。其中,语言法就是运用多种不同的语言形式来指导学生学习,从而达到教学的基本要求的方法。语言表达技能是讲解技能的基础,而讲解技能是针对教学的实际,有目的地运用语言,为实现教学目标而采用的特定的、较高层次的语言手段。

在体育教学中,许多体育的知识、动作技术、技能只有通过教师的讲解,学生才能比较透彻地理解和牢固地掌握。讲解技能不仅用于新知识、新技术的学习过程之中,也运用于复习巩固旧的知识和动作技术之中,它在教学中的应用最为广泛,其他许多教学方法,如示范、展示图片等也往往需要讲解的配合。讲解不仅能引导学生在原有认识的基础上感知、理解、巩固、应用新知识、新概念和新原理,还可以帮助学生明白得出结论的思维过程和探究方法,提高学生的认识能力和实际操作能力,培养学生的学习兴趣,并结合教学内容的思想性,影响学生的思想和审美情趣。

因此,讲解可以说是体育教师的中心教学技能之一。对讲解技能进行系统的学习和训练,可以使教师的讲解技能在理论知识方面更加系统化,在实际操作中更加规范化,从而进一步提高教师的讲解技能。当然,在实践性很强的体育课堂教学中,室外复杂的教学环境给教师的讲解增添了一定的难度,精讲多练对体育教师的讲解能力和水平提出了更高的要求。

(二)讲解技能的特征

在漫长的教育发展历史中,讲解始终保持重要的地位,除了历史和传统的原因外,还有它不能被别的教学手段所代替的特点。

1.经济性

在体育教学中,讲解省时、省力且使用方便,与实物教学相比其"省"显而易见。

2.高效性

在体育教学中,教师通过精心的组织策划,可以使信息传输密度较高,就知识接受而言,极大地减少了学生认知中的盲目性。

3.单向性

体育教学中的讲解是教师单向向学生输送信息,学生是被动的信息接收者,不能较多地参与教学进程,不利于实现师生及时交流和信息的及时反馈,学生常处于被动地位。

（三）讲解技能的作用

讲解技能作为课堂教学中基本的教学行为,在各种课堂类型的教学结构中占有相当大的比重。在教学中恰当地运用讲解技能可以实现以下功能:

1. 促进知识迁移,构建知识体系

美国教育心理学家奥苏伯尔认为,新知识的获得主要依赖原有知识结构中已有的适当观念,同时还必须发挥新旧知识的相互作用。学生所学的每个学科都有其基本结构,即该学科的基本概念、原理和规律的系统,也就是我们通常所说的基础知识。教师在教授新的学习内容时,需利用学生已有的知识,进行正确、清楚、生动、易懂的讲解,以学生过去形成的概念为中介,解释新的知识、新的概念,将新的学习内容与已学过的内容联系起来,使学生认知结构中原有的观念和新的知识之间建立起实质的联系,加深对新概念的理解。运用讲解技能可使新旧知识前后联系,一脉相承,使知识系统化,形成完整体系,有助于学生认知结构的发展,从而取得较好的学习效果。

2. 传授知识,解疑释难

讲解技能的首要功能就是把知识准确清晰地呈现在学生面前,使之记牢、会用。从某种意义上说,讲解的生命就在于使学生理解新知识。教师在课堂上的每一段讲解都是针对学生学习中的疑点和难点以及新知识传授的要点设计的。这些相对集中又层层相关的讲解片段,既构成课堂教学的整体框架,又是实现教学目标的明晰线索。体育课堂教学中的每一个讲解片段都是以教学知识点为中心展开的,不管是解释说明、描绘情境,还是阐说道理、推导结论,其内容都是以让学生充分理解、掌握知识为准则,经过认真筛选、科学组合和加工而成的。

3. 节省时间,提高课堂效率

讲解的内容经过了教师的深刻理解、系统整理,将知识去粗取精、提炼和升华,变成了适合学生接受的东西。讲解时,教师抓住重难点,把自己思考的过程和结果有序地展示出来。这样易于引导学生的思维沿着教师的教学意图运行,因而能较迅速、较准确且密度较高地向学生传授知识,完成特定的教学目标和教学任务。

4. 激发学生的学习兴趣和学习动机

教师讲课不能照本宣科,而是要用生动、形象、精练的语言,用典型有趣的例子去解释和叙述。语调抑扬顿挫、表情自然亲切的讲解会把学生带入学习的情境,使学生如见其人、其物、其景,可以把枯燥的情节讲得出神入化,使学生神往陶醉。如果教师讲解时概念说不清,道理说不明,词不达意,语无伦次,声音平淡,则会使学生在课堂中感到枯燥乏味,从而影响学生学习的积极性。

5. 启发学生思维,发展认知能力

学生对知识的理解是通过思维活动实现的,富于启发性的讲解往往把学生的思维活动有层次地步步引向深入,使学生在获得具体知识的同时,还学会了思考问题的方法,从而发展了认知能力。运用讲解技能可使学生从感性认识上升到理性认识,并认识到事物的本质和必然联系,同时培养学生独立发现问题、分析问题、解决问题的能力。

6. 发挥正面教育的作用,对学生进行思想教育

教师在讲解的过程中,自然而良好的情感流露,如深刻的爱与憎、激愤与愁肠,都会潜移默化地感染学生,在"润物细无声"中产生良好的教育作用。然而,讲解的这些特点,只有使用恰当时才能体现。如果使用不当,比如不注意调动学生的积极性和主动性,一味地灌输还会产生"满堂灌""注入式"等问题,这是体育课堂教学中应当特别注意的。

(四)讲解技能的构成要素

讲解技能的构成要素是一些典型的课堂讲解教学行为,这些典型的教学行为是在理论的指导下,经过实践经验的证明概括出来的,对于实现其教学功能是有效的和充分必要的。讲解技能由"严谨的知识框架—规范的语言—典型的例证—科学的连接—恰当的强调—及时的反馈"这六个典型教学行为要素构成(图4-4)。这六个技能要素反映了圆满有效地完成讲解任务,实现其教学功能所必须做而且要做好的关键步骤。

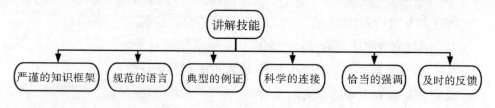

图4-4 体育讲解技能要素系统图

1. 严谨的知识框架

教师讲解不能是无序的、随意的,要将教材的知识结构按照学生的认知规

律清晰地展现出来,使学生明确学习目标,掌握新概念的内涵与外延,学习基本分析思路,了解相关知识的内在逻辑联系等。通过提出系列化的关键问题,形成清晰的思维框架,使讲解条理清晰,结构严谨。美国心理学家布鲁纳强调对学科基本结构的掌握,他认为:"不论我们选教什么学科,务必使学生理解学科的基本原理……懂得原理就可以使学科更容易理解。"大到一门学科的体系、学科与学科之间的联系,小到一篇文章的结构思路、一件事实的前因后果、一种自然现象的形成规律、一个科学定义的推导过程、一次实验的操作原理等,都有逻辑规律。建立讲解的结构框架使教学事半功倍,下面以排球正面双手垫球技术的讲解结构为例:

(1)选择讲解内容,设计内容层次

排球正面双手垫球技术的讲解应包括垫球方法、动作要领、练习方法、易犯错误四个方面。讲解第一层次设计如下:

①正面双手垫球的方法。

②正面双手垫球的动作要领。

③正面双手垫球的练习方法。

④正面双手垫球易犯的错误。

然后对每一个讲解的内容进行分析,选择第二层次的讲解内容,并设计其内容层次,如讲解正面双手垫球的练习方法,其讲解的内容和设计层次如下:

①徒手模仿练习的方法。

②垫固定球的方法。

③两人一组一抛一垫的方法。

④两人对垫的方法。

⑤对墙自垫的方法。

⑥三角垫球的方法。

(2)编排讲解顺序,确定讲解重点

①以某一届奥运会排球决赛为例,导入正面双手垫球技术。

②讲解正面双手垫球方法。

③讲解正面双手垫球的动作要领。

④讲解正面双手垫球的练习方法(重点内容)。

⑤讲解练习中容易犯的错误。

⑥本课小结。

2. 规范的语言

规范的语言要求讲解紧凑、连贯,语言准确、明白,语言和语速适合讲解内容和情感的需要。讲解紧凑、连贯指两方面的内容:一是讲解连贯紧凑,没有吞吞吐吐和"嗯""啊"等游移、拖沓的现象;二是讲解意义连贯紧凑,没有意义分散、跳跃的现象。讲解语言准确、明白,就是语言中的句子结构完整、发音正确、用词准确。要做到准确,就要对讨论问题中的关键词事先找准,有所准备。要做到明白,就要将讲解中具体问题的结论与取得结论的依据或前提条件交代清楚,将依据与结论之间的关系交代清楚。若将依据和前提条件以及结论与依据之间的关系认为是不言自明的,一带而过,就会造成讲解不明白。影响教师讲解清晰流畅的因素有发音、词汇、连接、语速和节奏等几个方面。

(1)语言的发音要正确

要使用普通话的标准发音来讲解,不要使用方言和口语。

(2)用标准的语言词汇传递信息

在讲述定义、概念、原理、动作和身体部位时,不要用"大概""可能""一般"或口语和俗语。这样易造成概念模糊、不严谨,甚至使学生胡乱猜测。另外,讲解的词语要正确、句子结构要完整、专业术语要准确。如:跨栏跑教学中有"摆动腿"和"起跳腿"两个基本术语,不能用"前面那条腿""后面那条腿"这种不规范的词语来代替;在调动队伍时,要使用正确的队列队形口令,不能说朝这边、往那边;等等。

(3)讲解内容和语句要连贯

讲解的内容有时前后联系非常紧密,若省略其中某一部分,事情就会交代不清,有跳跃感。有些体育动作是由一系列技术动作环节构成的,练习是连续完成的,在这种情况下,如果删去其中主要的动作技术环节,会使学生有跳跃脱节的感觉。

(4)适宜的语言节奏和速度

节奏包括语言节奏、内容节奏和时间节奏。语言节奏是指语调高低和速度快慢、强弱的变化。教师的语调、语速要适中,讲解时停顿时间不宜太长,重复的地方不能太多,否则容易给人一种讲解者思维中断或者啰唆的感觉,让人听了心烦。内容节奏指的是要讲解内容的布局,开头要引起学生的注意;中间叙述要善于变化,提高学生兴趣;结尾要引起学生回味和思考。时间节奏是指合理分配讲解的时间。不要前紧后松或前松后紧。讲解内容应包括导入、内容重点、举例、强调等。因此,在讲解时一定要注意合理分配时间,切忌胡子眉毛一把抓,没有重点。语速是指单位时间内讲解语言的快慢。人的听说能力是有一定承受量的,过快的语速会超过人的负载,是听不清楚、记不住的,会大大降低教学效果。当然语音和语速也要结合讲解的内容,配合情感的需要发生相应的变化。

例如,在新授课中,教授一个技术动作时,教师常常采用分解慢速示范,同时配合慢语速讲解动作要点,以便学生把看和听紧密结合起来,有思考和理解的时间,可以取得较好的视听效果。

3.典型的例证

举例说明是进行学习迁移的重要手段,例证能将熟悉的经验与新知识联系起来,是启发理解的有效方法。在讲解过程中,教师常引用生活中的一些实际经验和体育教学中的经典案例来说明一些简单道理、常识,以引起学生重视,使学生对问题有更深刻的理解。因此,使用例证在讲解过程中十分重要。但是,教师在使用例证的同时要注意以下几个方面:一是例证要典型,能鲜明地揭示所讲的问题;二是例证要有很强的针对性,不宜面面俱到或模棱两可;三是举例要通俗、形象直观,适合学生的认知水平;四是动作概念的例证,宜以正面举例为主,慎重采用反面例证,以免产生负面效果。

例如,为了增强学生的安全意识,防止意外受伤,并引起学生的高度注意和重视,教师常举一些发生在身边的事情作为例证来教育大家。如天津市一所著名中学,在一节体育课中教师把学生分成两部分,一部分学生进行铅球测验,一部分学生进行排球练习。练习中,排球突然飞向铅球区,一名学生赶过去捡球,不料被掷出的铅球砸中脑部。所幸抢救及时,该学生脱离了危险,且没有留下后遗症。这样的教学事例使学生记忆深刻,更有说服力。

4.科学的连接

所谓连接是指教学环节或教学内容之间的过渡与衔接。任何教学内容都不可能游离于学科系统之外而独立存在,清楚连贯的讲解强调新旧知识之间、原理和例证之间、问题和问题之间、前提和结论之间的恰当连接。讲解时仔细安排步骤,后一环是前一环的前提或发端,使讲解形成意义连贯、思路合理、结构严谨的系统。

例如在健身跑教学时,教师应按以下顺序安排内容:首先,了解有氧运动的概念、意义和价值;其次,了解有氧运动锻炼的基本原则和安全注意事项;再次,在讲解的基础上进行比较典型的有氧运动实践,如 1500 米健身走、1500 米跑、6 分钟跑、9 分钟跑等;最后,讲解心肺循环系统的评价方法及脉搏监控在评价中的作用。这样,教师就把有氧运动的概念、意义、价值、锻炼原则、注意事项、运动实践及评价方法联系起来,使学生对有氧运动形成了较完整的知识系统。教师的讲解前后呼应,不脱节,环环相扣,形成有机的连接。

5. 恰当的强调

讲解只有经过科学取舍、艺术加工才能称为技能,才有质量,否则就与"满堂灌"的陋习无异。所谓加工取舍,就是要撷取教学中的重点、难点,选用恰当的讲解方式加以强调。这些重点、难点是教学的精要之处,是达到教学目标的关键。讲解时,分清轻重缓急、难易主次,突出重点,突破难点,是实现科学讲解的必由之路。在体育教学中,教师讲解时常强调的内容主要有以下几个方面:

(1)教学要求的强调

教学要求旨在保证教学过程在教师控制下,按照教学目标,安全、顺利、有效地进行组织和练习。如教学中,教师应经常强调学生要认真练习,充分活动,防止受伤等。

(2)技术环节的强调

如田径的背越式跳高包括助跑、起跳、腾空过杆和落地四个技术环节。而助跑和起跳相结合技术是背越式跳高技术的关键环节,必须掌握好。所以,教师在讲解时必须加以强调。

(3)动作重点的强调

如前滚翻的"蹬地、提臀、团身"是技术动作重点,铅球最后用力技术重点为"蹬、伸、送、转、撑、推、拨",教师要经常反复大声强调以加深印象,引起注意,帮助学生掌握。

(4)动作难点的强调

如篮球体前变向换手运球,变向运球时转体探肩和上下肢协调一致是技术动作的难点;体操技巧中头手倒立技术的动作难点是夹肘立腰与展髋的配合。学生往往不易掌握动作难点,教师如果在练习中不反复强调,学生的错误动作一旦定型,改正就困难了。所以教师应在学生的练习过程中,不时地给予语言强调、信号刺激,加快学生形成正确动作的步伐。

(5)易犯错误的强调

如推铅球最后用力练习时,易产生"抛球""失去左侧支撑""上体过早前移"等错误动作;做单杠支撑后摆下练习时,易产生"撒肩""塌腰""摆不高""推手早或晚"等错误动作。教师要抓住这些典型错误反复强调,引起学生注意并尽快使之纠正。

6.及时的反馈

教学的本质是通过师生的相互作用使学生得到发展。体育教师在讲解时,如果只注意自己讲,不注意学生学得如何、听得如何,是不会有好的教学效果的。教学是师生的双边活动,信息流不仅指向学生,学生的一部分反馈信息还要发送到教师那里。教师根据学生接收信息的状况随时调整自己的教学行为,变换教学方式,才能有的放矢,引导和指导学生顺利地获得知识,发展智能,并使他们的思想品德也得到发展。因此,教师在课堂上应始终保持反馈信息传输的畅通,这样才能保证讲解的效率,提高讲解的质量和效果。

二、运用讲解技能的原则与注意事项

(一)运用讲解技能的原则

1.精讲原则

教学讲解必须遵循精讲的原则。精讲就是要做到内容精选,语言精练,方法精当,效果精彩;精讲必须做到简明扼要、提纲挈领、避免烦琐;精讲要力求达到举一反三、闻一知十的效果。精讲之精,体现了讲解的水平,也直接关系到教学的效率。精讲并非只是数量的要求,更是质量的要求。精讲要求讲得精彩、讲得精当、讲得明白、讲得科学,要在单位时间里达到量少而质高的水平。

2.启发性原则

孔子说:"不愤不启,不悱不发。"新课程背景下,教师的教学讲解必须更具有启发性。教师在讲解过程中的主导作用,绝不体现在代替学生去寻找答案上,而应体现在诱导学生自己去探索、比较、归纳、综合、解决问题上。讲解过程中,教师要以课程标准为指导,从教学实际出发,根据知识间的逻辑顺序和学生的认知顺序,有计划地设置有内在联系、条理清晰、层次分明、环环相扣、层层深入的问题系统,使学生的思路在教师的启发诱导下徐徐展开、不断深入。这种科学的讲解方法,会使学生在复习旧知识的基础上,加深对新知识的理解,这对发展学生的思维能力无疑是非常有益的。

3.直观性原则

直观性原则要求教师在教学过程中为学生提供有关的事实、实物和形象,为学生学习新知识、形成新概念奠定感性认识的基础。直观教学能把抽象的事物具体化,容易吸引学生注意,激发学习兴趣,促进对知识的理解和记忆。

4.针对性原则

由于遗传、环境和教育等诸多因素的影响,每个学生的个性各不相同,知识、能力、情感、意志和性格等都有不同的特点。教师要通过调查研究,既掌握全班学生的共同特点,如学生们的知识水平、接受能力和学习风气等;又要知道每个学生的个性特点,如兴趣爱好、特长和优缺点等。这样,教师才能针对不同学生的情况,从实际出发,因材施教,在统一授课的基础上,采取不同的讲解方式,传授体育健康知识和运动技能,教育不同的学生,使每个学生都得到进步。

5.系统性原则

系统化的知识便于理解、记忆和应用。在讲解到一定阶段时,教师要致力于知识系统化,把零散的知识通过归纳总结使其连贯起来,串珠成链,结绳成网,形成系统化的完整知识,这可以在一节课结束时、一个单元结束时进行。但是必须注意,在知识系统化的时候,既要照顾教学内容的全面性,又要主次分明、突出重点。

6.适时反馈和调控原则

由于讲解主要是教师讲学生听,教师在讲解过程中要注意学生的反应,要使讲解的发展过程与学生的思维、理解过程同步,要有针对性和交互性。把握好体育课堂教学信息的反馈,及时控制和调整讲解的方法和进程,以达到讲解的良好效果。

7.艺术性原则

教学是一门艺术,而且不是一般的艺术,它是艺术中的艺术。教师讲解的艺术性可以从语音、语句和无声语言等方面来考虑。教师的讲解如果能做到声音悦耳动听、语调抑扬顿挫、语句幽默风趣、表情丰富生动、举止优雅大方、讲解循循善诱,使听课的学生如沐春风、如饮甘霖,就能让学生不仅学到知识、提高能力,而且增加修养、陶冶情操。

（二）运用讲解技能的注意事项

1.认真钻研教材,分析授课内容,确定讲解要点,避免面面俱到、模糊笼统。

2.要考虑课前后之间、课与课之间、体育与其他学科之间的联系,力争做到循序渐进,承前启后,相互渗透。

3.选择符合授课内容的讲解类型,根据课的不同部分、所授教材的内容特点,变化讲解方式,集中、小组、个别讲解互相配合,体现讲解的多样性。

4.讲解前必须明确讲解内容的范围、重点、难点以及与学生已有知识的联系,使讲解过程更集中明了,并且建立在一种知识发展的逻辑必然之中。

5.讲解时,要在学生掌握的全部知识储备中将与解决面临的问题有关的部分抽取出来,作为引导、启发讲解的知识起点,促使学生运用已有知识对面临的问题进行思考,如果学生不能很好地解决问题,教师才做详细的讲解。

6.教师要寻找最恰当的讲解形式,以便使讲解过程更有效率。

7.讲解要简洁精练,抓住要点,保证学生有足够的练习时间。

8.讲解要面向全体学生,避免使用学生不懂的专业术语和词汇。

9.讲解要与其他教学技能相结合,提高讲解的直观性、生动性、形象性和趣味性。

三、讲解技能的类型

教师讲解的方法或类型是多种多样的,但每种讲解方法都具有它自己的特性,都具有不同的思维方式、语言组织和内在的逻辑特点。教师通过利用某种讲解方法的特殊作用,作为向学生传播某种思想及动作技术概念的媒介,使学生了解、探索并最终成为学生掌握所学技术动作的渠道。讲解类型主要有以下几种:

（一）说明式讲解

说明式讲解是教师为了让学生较好地理解和掌握课堂知识,对有关材料做必要的补充、介绍和说明性讲解。在运用时要充分考虑学生的接受能力,只对情况做必要的介绍,对事情的来龙去脉做简洁的说明,要做到适度、适量,不宜做冲淡教学内容的发挥。

案例一:

介绍"步频"的说明性讲解:在走或跑的过程中,两腿在单位时间内交替行动的次数,是决定跑的速度的重要因素,其高低主要取决于后蹬、腾空与前蹬缓冲时间的长短。

案例二：

介绍短距离跑：短距离跑属于无氧代谢的周期性运动项目，其最大的特点是用最短的时间发挥最高速度，完成一定（较短）距离的运动。在正式比赛中，主要包括 60 米、100 米、200 米、400 米项目，这些项目主要采用蹲式起跑。短距离跑的成绩主要取决于起跑时的反应速度、起跑后的加速跑能力和最后冲线的能力。经常进行短距离跑的练习，对内脏器官、神经和肌肉系统的协调性以及提高机体在无氧条件下的工作能力都有明显的促进作用。

（二）描述式讲解

描述式讲解指对形象、具体的客观事物及其变化过程进行科学的表述。描述式讲解可以使学生获得丰富的感性材料，因而有利于学生的感知和对事物的理解，促进学生形象思维的发展，有利于观察能力、思维能力的培养。

案例三：

在篮球基本技术教学中教师对移动步法侧滑步动作的描述：两膝弯面，两脚开立稍宽于肩。两手十指张开，手肘弯曲在体前。向左倒滑步时，右脚用力蹬地，左脚稍离地，向左滑步，右脚跟进。

案例四：

在武术步法教学中教师对插步动作的描述：两脚左右开立，右脚提起，经左脚后侧横插一步，前脚掌着地，两腿屈膝，右腿蹬直，重心偏于左腿，两眼向左前方平视。

（三）推理式讲解

推理式讲解是教师用周密严谨的逻辑推理方式，启发引导学生概括内容、推导结论或帮助学生分析某个技术动作的正确性的讲解方式。这种讲解有利于发展学生的抽象思维和理性思维，能较好地培养和训练学生的概括能力、综合能力、逻辑思维能力和分析论证的能力。它具有严谨的逻辑性、清晰的层次性和说理论证的透彻性。

案例五：

教师在运用推理式讲解说明后转身动作的技术概念：

第一，要使学生懂得翻正反射这一抽象概念。当人体头部的位置发生扭转时，会反射性地引起全身肌肉张力的重新调整，上体先翻正，然后腰部也跟着转过来。如果学生不知道翻正反射的概念,那么推理的大前提就不存在,教师就无法运用推理去讲解并得出后转身动作的技术概念。因此,教师在运用推理时,一定要考虑学生是否已经掌握了作为大前提的抽象概念,这是十分重要的。第二,要使学生把从电视或其他传媒中观察到的人体转体的动作(跳水运动员的转体动作)、教师或学生的后转身示范动作与翻正反射概念联系起来。获得概念和观察所得的事实后,教师就可以进行从抽象概念到形成结论的推理实践。如对后转身动作的推理讲解为:

大前提:人体具有翻正反射的机制。

小前提:后转身动作要求身体完全翻转。

结论:做后转身动作时,头必须领先转动。

(四)问题中心式讲解

这是以解答问题为中心的讲解,是在教学中常用于对学生进行能力训练、方法探索、答案求证的讲解类型。它也属于高级类型的讲解。问题中心式讲解的一般模式为"问题引出—明确标准—选择方法—解决问题—得出结果"。问题引出可以从各种事实材料中导出,明确标准就是明确解决问题的具体要求,选择方法就是对各种方法、策略进行分析比较,定出最佳解题方法,解决问题要从证据、例证并运用逻辑思维方法来进行论证,最后得出结果。问题中心式讲解适用于重点、难点、智慧技能和认知策略的教学,通常配合提问、讨论等其他教学技能。

案例六:

某教师在给初中一年级的学生教授篮球三步上篮动作时,先做了两个正确的动作示范,轻松准确地将球送进了篮筐,赢得了同学们的一阵掌声。接下来教师并没有做进一步的讲解,而是问谁能够说一说三步上篮的动作要点。一位同学说"一大、二小、三前冲",另一位同学说"一大、二小、三高跳"。此时,教师表扬了两位同学积极发言,并提醒同学们:"下面我各做一次刚才两位同学所说的动作,请大家注意观察。"于是教师先做了"一大、二小、三前冲"的三步上篮动作;教师提示再看下一个动作,又做了一个明显的"一大、二小、三高跳"的动作。教师提问:"大家比较一下,哪个动作正确,更有利于投篮?"大部分学生说后一种,也有人说前一种,这时教师才开始进行更加详细的讲解,并分析比较了两个动作的区别,最后明确地告诉学生三步上篮的动作要领是"一大、二小、三高跳"。学生们这时才恍然大悟,纷纷跃跃欲试,饶有兴致地亲身体会起动作来。

(五)操作中心式讲解

这是以训练学生的实际操作技能为中心的讲解,在教师结合示范和指导学生实际操作中应用,主要有:对操作原理的说明;结合示范的讲解,包括指示观察要点、分析示范操作、指导操作要领等;指导学生练习的讲解,包括纠正错误操作、向学生提供反馈信息、指导学生掌握动作之间的联系等。

案例七:

在某市区的一所名校的公开课上,一位体育教师上初二的短跑课。准备活动完成后,教师开始教学生学习"蹲踞式"起跑动作,而蹲踞式起跑首先应该学习起跑器安装的方法。教师在讲解起跑器安装的方法时,学生根据教师的讲解进行起跑器的安装,以锻炼实际操作能力。

思考与练习

1. 什么叫讲解技能? 讲解技能的特征和作用有哪些?
2. 简要阐述讲解技能的构成要素。
3. 请依次举例说出讲解技能的类型。
4. 简要阐述运用讲解技能的基本原则和注意事项。

第三节 示范技能

[内容提要]

体育教学中正确的动作示范,不仅可以使学生获得必要的直接感受,以提高掌握动作要领的效率,而且还可以提高学生的学习兴趣,激发学生学习的自觉性,有利于形成正确的动力定型。本节主要介绍了示范技能的含义、作用及构成要素,阐述了示范的运用原则、注意事项,通过案例说明了示范的类型。

一、示范技能概述

(一)示范技能的含义

动作示范是教师(或教师指定的学生)以自身完成的动作作为范例,使学生明确所要学习的动作形象、技术结构、要领的一种教学行为。通过体育教师的示范,学生能直观地获取该项运动技术的信息,在大脑中留下深刻印象,然后结合教师的讲解和多次的练习,就能较好、较快地掌握该项运动技术。可见,教师正确、熟练、优美的示范对于取得优良的教学效果有着非常重要的作用。

(二)示范技能的作用

1. 建立正确的动作表象,有利于更快地掌握动作技术

在体育教学过程中,示范是教师把整个技术动作完整地向学生示范一遍,让学生从感性认识上升为理性认识,从视觉上了解动作的结构、顺序、形象以及要领和方法,从而更好地进行模仿,形成正确的动作表象。从生理学的角度来看,学生掌握运动技能必须经过三个阶段:粗略掌握动作阶段、改进和提高动作阶段、巩固与运用自如阶段。在粗略掌握动作阶段,学生对所要学习的动作没有感性认识,采用示范和讲解进行教学,可以使学生理解动作学习任务,建立动作表象和一般概念,形成动作的基本结构。在改进和提高动作阶段,由于学生容易表现出动作不准确、不协调,并伴有多余的动作和错误动作,此时,教师运用多种示范,如正误对比示范,有助于强化学生对正确动作的理解,提高动作的协调性,规范动作细节,形成动力定型。

2. 激发学生的运动兴趣,提高教学效果

培养学生的运动兴趣和爱好是新课程具体目标之一。因为学生有了良好的运动兴趣和爱好,能形成运动的积极情感,乐于参与练习,体验成功的乐趣,从而真正地形成坚持锻炼的习惯,切实为终身体育奠定基础。体育教学中教师正确、轻快、优美的动作示范可以使学生在学习中受到教师示范动作的感染,在欣赏示范动作的同时受到一种力的鼓舞、美的熏陶。在教师正确的动作示范的影响下,学生油然产生一种跃跃欲试的心理,从而提高学习动作技能的积极性,以保证教学任务的完成。

3. 培养学生分析问题、解决问题的能力

为了更好地实现体育课教学中动作示范的效果,提高学生的观察能力,教师在示范前或在学生观察动作的同时,经常会采用提问、引导、启发等手段,提出问题,让学生仔细观察、独立思考、积极讨论、比较概括、理解动作、做出回答,从而培养学生分析问题、解决问题的能力。例如,在篮球体前变向换手运球教学中,教师会提出"遇到障碍如何变方向""变向后怎样快速推进"等问题。在

教师的有效提示和启发下,学生通过对动作的仔细观察,不仅能扩大直接经验范围,丰富感性认识,加深对动作的直接感受程度,形成正确概念和动作,而且能有效地训练观察、思考、分析、归纳、综合和概括的能力。观察、分析、总结这一教学过程,不仅是掌握分析问题方法的过程,也是提高分析问题和解决问题能力的过程。

4.提高学生的审美艺术素质

正确的示范可以使学生在体验到体育动作的形体美、力度美、娴熟美和健康美的同时,获得一种满意的心理感受,并由此产生学习兴趣。因此,在教学过程中,教师只有把美蕴藏在动作之中,才可以更好地满足学生的需求;同时,要求学生保持动作美、姿态美和形体美,提高学生的审美艺术水平。

(三)示范技能的构成要素

示范技能由目的、速度、距离、位置、时机、示范与讲解配合等要素构成,如图4-5所示。

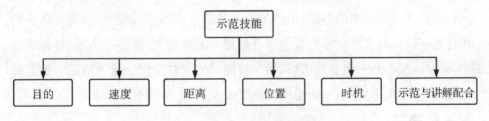

图4-5 示范技能的构成要素

1.目的

教师在进行每一个技术示范动作之前,要有明确的目的。为什么示范,什么时候示范,先示范什么,后示范什么,怎样示范,都要做到心中有数。

案例一:

在示范篮球的单手肩上投篮动作时,示范之前首先告诉学生要注意观察教师投篮时的手臂、手腕和手指动作。在示范时,教师应该只对学生做投篮动作的侧面示范,使学生的注意力集中在教师投篮时的手臂、手腕和手指动作上。

2.速度

为了帮助学生建立完整而正确的动作表象,教师应根据学生的具体情况运用不同速度进行示范。一般情况可用常规的速度进行示范,但当为了突出显示动作结构的某些环节时则应采用慢速示范。

案例二：

学习新教材,教师应该先用正常速度示范一套完整的技术动作,使学生初步了解技术动作的完整结构,然后用慢速度分解示范,使学生了解动作的要领、要求等,建立一个完整的动作表象。而在进行蹲踞式跳远的腾空动作示范时,为了延长动作的过程,起到"慢放"效果,教师可以借助体操踏跳板做起跳示范,使学生清楚地看到起跳后的空中动作。

3. 距离

示范的距离主要取决于完成动作示范的活动范围大小、学生人数的多少和安全的需要等因素。一般来说,大器械运动项目,大幅度的动作,需要让学生观察完整动作的示范,示范距离应当适当远一些,反之,则可近一些。

案例三：

途中跑、掷标枪的助跑等,教这些项目时要让学生站在教师示范位置移动路线的中间,教师与学生相距 8 至 10 米为好。又如各种球类项目,体操项目的各类动作,田径项目中的跳高、短投等动作的示范,教师应站在学生横排队形的中间,要使横排的首尾和示范者保持近似相等的距离,三者成三角形,最近距离应不少于示范者的一倍身高,这样学生就能看清完整动作完成的情况。示范时位置移动的距离不要太长,活动范围不要太大,动作速度不要太快。

4. 位置(方向)

示范的位置应根据学生的队形、动作的性质、技术结构、学生观察动作的部位以及安全的要求等因素来决定。此外,教师示范应考虑让学生避风和背对阳光。

案例四：

行进间模仿操、徒手操、武术、基本体操等,教师应根据人体基本活动规律、动作结构来确定示范位置,可以在队伍的正面、侧面或斜面,有时甚至可以在后面或中间。教学内容需要有固定的场地,如单双杠、跳高、跳远、篮球、排球、乒乓球等项目。教师的示范位置既要考虑示范的方法,又要考虑学生的队形;既要考虑学生的多少,又要考虑位置的高低与方向,还要注意队列排面的宽度和深度。

5. 时机

教师应该合理选择示范的时机,对于提高示范的效果有重要的影响。

案例五：

学生学习滑步推铅球动作时经常出现"跳步"现象，教师发现后就要及时给学生做示范，纠正错误动作，使他们建立正确的动作表象。如果等学生错误动作定型后再去纠正就晚了，教师的示范也就失去了意义。又如：当课堂上学生注意力分散、精神不集中时，教师采用示范动作，可吸引学生的注意力，提高教学效果；当学生练习厌倦时，教师可以通过做示范调节课堂气氛，使学生得到适当休息；在体育课结束前，教师可结合示范动作进行总结评价或展示下节课所学技术动作，让学生课后预习。

6.示范与讲解配合

示范是讲解的先导，讲解是示范的补充和说明。讲解与示范的紧密配合运用可以取得最佳的动作示范效果。示范与讲解的搭配有三种形式："示范—讲解—示范""讲解—示范—讲解""边讲解，边示范"。

案例六：

学生学习鱼跃前滚翻动作时，教师首先做完整示范，接着讲解动作要领，然后做一至两次示范，即"示范—讲解—示范"巧妙结合。又如，学生练习高单杠引体向上动作，教师用较慢速度边示范边讲述："双手握杠同肩宽，两臂伸直体悬垂（预备姿势）；压臂拉杠憋足气，紧腰收腹体上随；曲臂悬垂颌超杠，缓慢下放臂伸直。"这样示范与讲解同步进行，动作完成时讲解结束，学生看得清楚，印象深刻，效果明显。学生也模仿教师的样子，边做动作边默念技术要领，练习踊跃，气氛热烈。

二、运用示范技能的原则与注意事项

（一）运用示范技能的原则

1.服务性原则

动作示范是为顺利实施教学，指导学习运动技能的一种教学手段，因此，运用时必须自始至终围绕着具体的教学任务、内容及要求，根据教学活动的进展情况，结合教学实践，按整体、个体的需要进行。

2.可行性原则

动作示范的运用，必须根据教学任务的要求、内容和进度，充分照顾到学生的自身条件，即学生现有的知识、技能及各自的认知能力等因素；同时也要考虑到教学环境和教学条件,所实施的示范动作必须能引起学生注意并形成正确的学习心理定向,在可行的基础上进行。

3.指向性原则

动作示范的目的是让学生在学习过程中获得一个立体、直观、清晰的运动表象,建立起正确的条件反射,进而促进分化、抑制发展,形成正确的动作技术概念,消除心理障碍。因此,教师的动作示范必须根据学生的心理需要并结合实际,明确指向教学内容和需要解决的动作技术问题。

4.针对性原则

动作示范的内容、形式、方法不同,所起的作用不同,得到的教学效果也不同。动作示范的运用要根据学生实际和教学需要,有目的、有针对性地进行。

5.实效性原则

动作示范要讲求实效性,要在示范动作规范、突出重点、确保质量的前提下,结合实际,选择好时机,使自己处于最佳的示范位置,控制好速率与节奏,确保全部学生进行有效的观察。

(二)运用示范技能的注意事项

1.动作示范要有明确的目的

在教学的不同阶段,教师所采用的示范应有不同。教师无论采用哪种示范的方法,其目的都要明确:以建立完整的动作概念为目的时,需要运用完整示范;以掌握技术动作的某一环节为目的时,可采用分解示范;以纠正错误动作为目的时,可采用正误对比示范。

2.示范动作要正确、美观

正确是指示范要严格按照动作技术的规格要求完成,以保证学生建立正确的动作表象;美观是指动作示范生动、诱人,能引起学生的学习兴趣。体育教学中,教师的示范动作应力求做到正确、熟练、轻快、美观,这样不仅可以使学生建立清晰的动作表象,还可以激发学生的学习热情,提高学习兴趣。

3.示范时机把握要恰当

体育教师示范的时机关系到示范的效果和课的连贯性。教师示范的时机是由学生的身体素质和学生对技术动作学习的掌握情况所决定的。

（1）新授内容学习之时的动作示范

教师应通过正确的动作示范,给学生建立一个正确的动作表象,让学生了解一个初步的动作过程,同时可以激发学生的学习欲望。

（2）重难点突破时进行示范讲解

每节课都有重点和难点,如何突出重点、化解难点是课堂教学成败的关键,正确的动作示范和准确的讲解,可以有效地突破学习中的重点和难点,以提高学生练习的目的性和实效性。

（3）学生出现学习困难时进行示范讲解

大部分学生的学习出现明显的困难时或出现普遍的共性问题时,新授教学,学生往往会因为初学习而出现学习困难,对动作的掌握出现明显的困难点,这时就需要教师或学生重复的示范和教师（师生）的点评。例如:新授课内容"前滚翻交叉转体180°"教学中,学生出现前滚翻交叉转体不顺、重心不稳等现象时,教师可以集中重复动作示范、讲解（或者选择动作好的学生进行示范,师生共同探讨）,帮助学生解决困难和共性问题,提高学生的练习积极性和有效性。

（4）学习遇到"瓶颈"现象时进行示范讲解

我们经常会发现,学生对学习有了基本掌握后,会出现难以提升或更优化的阶段,这个现象称为"瓶颈"现象。一旦学生出现这个现象,就需要教师（或学生）的重复动作示范和更细致的、有针对性的讲解（师生点评）,使学生明白"颈顺"所在点和提升优化的手段,以有效突破"瓶颈"现象。一般来说,示范的时机是有规律可循的,但也因教师及其经验的差异而有所不同,并非固定的、机械的,只有符合教学目的,适合教学对象,具有良好的教学效果,才是适宜的示范时机。多余的重复示范,会分散学生的注意力,降低教学效果。

（5）示范的位置和方向选择要便于学生观察

示范的目的是要给学生做范例,这就得让全体学生都看得到、看得清。因此,教师的示范不仅要规范,还要特别注重示范的位置和方向。一般来说,示范的位置应根据学生的队形、动作的性质以及安全的要求等因素来决定。如在武术教学中,教授基本动作时,采用横队队形,教师就应站在横队的等边三角顶点方位示范;如果是复习套路,采用横队队形集体练习,教师就应站在队伍的左前方带领学生练习。又如跳远时，必须采用侧面示范，这样可以使学生看到单腿起跳、踏跳的技术动作。再如跳远的教学，学生要观察起跳的难点技术，就应站在沙坑的两侧观察教师示范，视线始终随教师的示范动作移动。

(6)示范与讲解要有机结合

示范与讲解是体育教学中不可分割的一个整体，只有示范没有讲解，学生只能看到一个具体的动作形象；只有讲解没有示范，学生只能获得一个抽象的概念。因此，只有将示范与讲解有机地结合起来，才能更好地发挥其作用。示范与讲解的配合方式有先示范后讲解、先讲解后示范、边讲解边示范、边讲解边示范边练习等。在体育教学中选用哪种示范与讲解的配合方式，应根据教学的具体情况、所学动作的难易程度及学生的年龄、心理特点等而定。例如：在学习侧手翻时，教师的示范使学生感知了动作的外部结构——"侧手翻的动作就像一个大圆形平面般直线向前转动"。然后，通过讲解，提出手脚依次落地要成一条线，翻转时空中的动作要成一个平面，这样学生就能模仿教师的动作，并领会"地上一条线，空中一个面"。由于把示范与讲解结合起来运用，学生容易领会整个动作规格的要求，从而减少了那些不必要的教学程序，大幅缩短了学生对侧手翻技术动作的认识过程。实践证明，在教学过程中，只有把讲解与示范结合起来运用，才能让学生对技术动作建立完整、正确的概念，形成正确的表象，从而提高练习效果。在体育教学的过程中，可根据具体情况采用重复示范，并指出动作的重点、难点；或先讲解后示范，也可边讲解边示范。总之，在体育课堂上，讲解和示范必须密切配合，互相依存，互相补充。因此，教师在教学中要始终贯彻"精讲多练"原则，使学生的直观感觉与思维活动有机结合起来，产生良好效果，提高体育教学质量。

(7)示范的形式要多样化

示范要根据学生的实际情况，做重点完整示范、分解示范以及正常速度和放慢速度的示范。如对于新教材，教师就应先用正常速度示范一套完整的技术动作，使学生初步了解教材的完整技术结构，后根据该节课内容用慢速度分解示范，使学生了解动作的要领、要求等，建立一个完整的动作表象。例如，在初学少年拳第一套的教学中，应先用正常速度把整套动作示范一次给学生看，使学生初步了解少年拳第一套的技术动作结构，再根据该次课的任务，进行分解示范教学。另外,也可用直观教具进行示范,如录像、图解等,以弥补示范不足,增强讲解的实效性。还有在练习的过程中,教师应针对学生存在问题的具体情况,让掌握技术动作较好的同学进行示范练习,然后教师加以分析,必要时教师可模仿学生的错误动作加以对比,这样,正确的技术动作会在学生的脑海中产生更深刻的印象,从而提高教学效果。

三、示范技能的类型和案例

根据指示动作的结构、目的、形式、位置及示范者的身份等情况,可将示范技能分为以下类型与方法。

(一)按示范动作的结构划分

1. 完整示范

完整示范是指教师示范时从动作开始到动作结束不分部分和段落,完整、连续地进行示范。在新授课中,为了使学生对所学习的技术动作的结构和形式有一个清晰的运动表象,建立完整的技术概念,教师多采用完整示范。在教授简单技术动作时,为了能保持动作结构的完整性,形成动作技术的整体概念和动作间的联系,也常常采用完整示范,例如前滚翻的教学。

2. 分解示范

分解示范是指教师将较为复杂的技术动作,按技术结构或身体的部分合理地分成几个部分,然后按部分逐段进行示范。这种示范的优点是把动作技术的难度相对降低,便于学生掌握并突出教学重点和难点。例如,跳远技术由助跑、起跳、腾空、落地四个部分组成,其中助跑与起跳相结合技术是跳远的重点,在教学中往往会先分解动作,抓住这个环节进行教学。

(二)按示范的目的划分

1. 认知示范

认知示范是使学生知道学什么的示范。这种动作示范的重点是给学生建立动作的整体形象,形成大致的概念。这种示范要正确、朴实,要引导学生注意整体,不要拘泥细节。

2. 学法(练)示范

学法示范是告诉学生怎样学的示范。这种示范的重点是使学生了解动作完成的顺序、要领、关键、难点等。进行这种示范时要引导学生注意关键的动作环节的重点部分。

3. 正误对比示范

采用正误对比示范可以使学生了解自己动作的错误的外部特征,明确正确的动作结构。进行这种示范时既要突出错误的特征又不能夸张,一般可以在针对练习中出现的某一种错误需要纠正时采用。正误对比示范的程序可以是正确—错误—正确,也可以是错误—正确—正确。

(三)按示范的方向划分

体育课堂中教师经常采用的示范方向一般有正面示范、背面示范、侧面示范和镜面示范等。

1. 正面示范:教师与学生相对站立所进行的示范为正面示范。正面示范有利于展示教师正面动作的要领,如球类运动的持球动作多用正面示范。为了显示身体的左右移动、侧屈、上肢的侧平举及斜上举等,可选择正面示范。

2. 背面示范:教师背向学生站立所进行的示范。背面示范有利于展示教师背面动作或者左右移动的动作,以及路线变化较为复杂的动作,便于教师领做、学生模仿,如武术的套路教学。为了便于学生观察与记忆方位,如武术、体操等,均可以选择背面示范。

3. 侧面示范:教师侧向学生站立所进行的示范。它有利于展示动作的侧面和按前后方向完成的动作,如跑步中摆臂动作和腿的后蹬动作。为了显示腿部的后蹬动作、身体的前后屈伸、前后摆腿与踢腿等,可选择侧面示范。

4. 镜面示范:教师面向学生站立所进行的与学生同方向的示范。特点是学生和教师的动作两相对应,适用于简单的教学,便于教师领做、学生模仿,如徒手操、广播体操教学。

(四)按示范者的身份划分

1. 教师示范

教师示范是指教师根据教学的需要,按照技术动作规格和练习方法的要求完成的示范。教学中在学习新的技术动作时,为了使学生建立正确的动作表象,形成清晰的技术动作概念,一般多采用教师示范。此外,在学生练习过程中,教师也常常需要做示范,促使学生把自己的动作和示范的动作进行比较,发现缺点和错误,从而以正确的认识进行练习。

2.学生示范

学生示范是指为密切配合教师的教学需要所进行的动作示范。学生示范的优点在于示范者与学习者同一水平,不仅能够为学生创造自我表现、积极参与的机会,给学习者更大的启发和激励,同时能弥补教师因种种困难而无法示范的不足。教师在选择学生做示范的时候,应注意选择那些具有技术动作某一特征的学生进行示范,也可选择具有典型技术错误的学生进行示范。这样可以使好的技术动作和错误的技术动作做一个比较,使学生获得一个清晰而正确的运动表象。实践证明,在体育教学中,适当让学生做示范往往会取得很好的效果。

(五)按示范时的队形划分

1. 横队示范

横队示范是体育教学中最常用的示范队形。横队示范时,学生左右排成横队站立进行观察,有利于教师的示范与讲解,便于学生集中注意力。运用横队示范进行教学时,教师应站在学生排面等腰三角形顶点且与对面学生距离适当的位置。例如,在进行徒手操、武术、基本体操等教学时,教师应根据学生人数的多少和场地的大小,采用四列横队进行正面、背面、侧面、镜面示范;在进行短跑的"起跑"教学时,采用双排对面站立队形比较合理,能使学生的视线始终随教师的示范动作移动;在进行跳远、支撑跳跃等教学时,为了便于学生观察到各个环节的动作,可采用如图4-6所示队形进行示范。

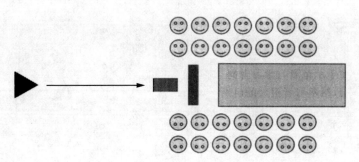

图4-6 双排对面站立示范

2. 纵队示范

纵队示范如图4-7所示。纵队示范在体育教学中的运用也很常见。其特点与横队示范有相同之处,但这种队形示范不利于远处的学生观察与听讲。例如,迎面接力、广播体操等的教学示范。

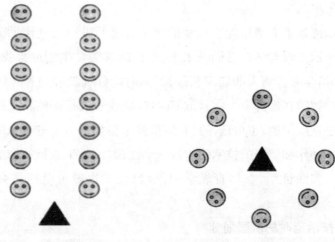

图 4-7　纵队示范　　　　图 4-8　圆队示范

3. 圆队示范

圆队示范如图 4-8 所示。圆队示范在体育课中的运用相当广,其特点是让全体学生都能观察到示范者动作,便于教师组织与管理。例如,在进行原地徒手操、熟悉球性练习等教学演示时经常采用这种形式。

4. 方队示范

方队示范如图 4-9 所示。方队示范在体育教学中运用也很多,其特点同圆队示范有相似之处,便于教师观察学生的情况,也能很好地调动学生的学习积极性。

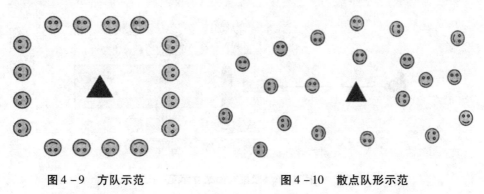

图 4-9　方队示范　　　　图 4-10　散点队形示范

5. 散点队形示范

散点队形示范如图 4-10 所示。采用这种队形示范时,学生随意站立,便于观察、听讲、提问,拉近师生之间的距离。

思考与练习

1.示范技能的含义是什么？作用有哪些？

2.请说出示范技能的基本类型、基本原则、构成要素和注意事项。

第四节 板书与体育绘图技能

[内容提要]

在一堂体育课中,尤其是体育理论课,如何清楚、明了地教授本堂课的知识内容,板书与体育绘图技能显得尤为重要。本节介绍了板书和体育绘图的含义、作用,着重阐述了板书与体育绘图技能的类型与学习方法等内容。

一、板书与体育绘图技能概述

体育课堂教学是一项复杂而又开放的教学形式,教学形式与内容较为多样。导入和讲解不能更为直观地讲授体育的教学内容。另外,有些地区的运动设施设备有限,无法满足学校的体育教学需求,就需要板书和体育绘图来加以呈现。

(一)板书与体育绘图技能的含义

板书是根据教学的需要用黑板以凝练的文字语言或形象的图表传递教学信息的教学行为方式。它既是教师应当具备的教学基本功,又是教师必须掌握的一项基本教学技能。良好的教学板书,是一门独特的艺术。它是知识的高度凝聚与集中,是引导学生通往智慧的桥梁。精心设计板书是创设课堂艺术气氛,形成师生心理相容,实现课堂最优化控制的重要手段之一。

体育绘图在体育教育和体育科研中占有极其重要的地位,无论是在体育教材、备课教案中,还是在教学实践、战术指导、科学研究中,无不发挥着它的重要作用。体育绘图主要表现的是人体体育动作及其技术、运动战术以及教学程序等等,它来自体育实践,又应用和指导于体育实践。

(二)板书与体育绘图技能的作用

1.板书技能的作用

(1)直观、形象的作用

板书通过学生的视觉器官来传递信息,可以直接给学生以空间、色彩的具体感受,比语言更富有直观性、形象性。

(2)点睛、聚集的作用

教师在课堂上往往通过大小不同的字体和附加不同的符号,以及使用不同的彩色粉笔等等,有效地突出教学重点、难点,起到画龙点睛的作用。同时,正确地运用板书,能够引导和控制学生,使之将分散的注意力聚集一处,始终指向教学内容,促进思考,加深对课文基本结构和思想的理解。

(3)概括、集成的作用

好的教学板书,不仅能理清教学内容的思路,而且可将教学内容结构化,给学生以知识框架和整体印象。

(4)强化、启发的作用

形式优美、设计独特的板书具有激发学生兴趣、启发思维的作用。它将学生的视听有机地结合起来,增大信息接收量和信息的接收效果,学生对知识的记忆更深更牢。此外,学生通过板书,不仅学到了知识,也学会了如何抓住要点、难点等学习方法,掌握了必要的学习技巧。

2.体育绘图技能的作用

(1)有利于体育动作直观、形象地展现

当面临复杂的动作时,教师可通过绘图将体育动作进行分解,让学生更直观地了解动作的基本步骤,掌握正确的动作流程。教学中合理巧妙地运用绘图方法,体育课就会更加充满活力。

(2)有利于学生加深对技术动作要领的理解

体育专业的学生学习绘图时,需要对所画的技术动作结构有深刻的了解,因而有利于学生加深对技术动作要领的理解。掌握了绘图技能,在学习和实践中可以作为有效的记录手段。课中还可教授学生简单的画图方法和步骤,提高学生的学习兴趣,让学生从画图过程中了解动作的技术结构和完成动作技术的步骤。

(3)丰富和完善体育教学的方法

体育绘图可以说是体育教师需要的一种特殊板书能力。在体育课中运用黑板快速地绘图,这样从形式上丰富了直观教法的内容,使得教学方法活泼生动、别有情趣,起到了其他教学方法所无法起到的独特作用。

（4）可以提升学生的审美能力

德、智、体、美是互相联系、相互促进的。学生通过形象的体育图示，从中发现人体运动形态的美，会激起学习体育动作的兴趣，激发丰富的想象力，产生运动与美的联想，使绘图过程化为发现美、理解美、表现美的过程。体育绘图既起到对学生进行美育教育、提高审美意识的作用，也起到激发学生热爱体育、钻研技术的作用。

二、学习板书和体育绘图技能应注意的问题和方法

（一）学习板书技能应注意的问题

1. 书写规范，有示范性

板书规范，书写准确，有示范性，是教师在教学中应时刻遵守的一条原则。书写时，要按照汉字的基本笔画和笔顺规则，不倒插笔，不写自造简化字和错别字，不生造词语，不出现病句，书写要工整干净，字的大小要适中，以后排学生能看清为宜。教师的板书除了传授知识外，还有一个引导和训练学生养成良好的书写习惯的重要任务。

2. 语言准确，有科学性

这是从内容上对教师的板书语言提出的更高要求，虽然板书在教学上多数是间隔出现的，但是最后总要形成一个整体。板书要让学生看得懂，引人深思，不能随心所欲，更不能由于疏忽而造成意思混乱或错误。因此，板书用词要恰当，造句准确，图表规范，线条整齐，这是板书设计中不容忽视的一个方面。

3. 层次分明，有条理性

教学内容都有较强的层次性、逻辑性和连贯性，所以板书也要层次分明、有条理。在课堂教学中，板书和口头讲述是同步进行的两种教学手段，而板书的优势是直观、形象、清晰、概括。要使板书发挥这个优势，教师就必须做到层次清楚、条理分明、主线清晰、枝蔓有序地设计板书，从而体现和加强讲解语言的这些特点。

4. 重点突出，有鲜明性

教师的板书必须重点突出，详略得当。在课堂有限的时间内，能恰到好处地处理教材，将教学重点置于板书内容当中，一堂课后，通过板书就能纵观全课，了解全貌，抓住要领，给人以清晰的印象。

5. 画龙点睛,有精练性

课堂板书应该是精练的,起到画龙点睛的作用。板书切忌烦琐,不能大括号、中括号、方括号、尖括号套用,搞得学生眼花缭乱,要做到鲜明醒目,重点突出,以简释繁,使学生一目了然。

6. 合理布局,有计划性

教师能把讲授的内容迅速而利落、合理而清晰地分布在黑板上,并使学生在讲解中能跟上节拍,全面理解,课后又能使学生通过板书一目了然,通晓理解,这是教师板书的艺术。但是,没有课前认真的研究和精心的设计是办不到的。因此,课前教师要根据教学要求,从实际出发,进行周密的计划和精心的设计,确定好板书的内容,规划好板书的格式,预定好板书的位置,在教学时才能有条不紊地按计划进行,准确而灵活地加以运用。

板书可分为主要板书和辅助板书。主要板书用于书写教学内容的提纲,帮助学生掌握每节课的主要内容,通常使用黑板中间部分,占黑板面积的二分之一至四分之三。在黑板的两边写辅助板书或画板图。

7. 形式多样,有趣味性

好的板书设计会给学生留下鲜明深刻的印象,形成理解、回忆知识的线索。充满情趣的板书设计,好像一幅美丽的图画,给学生以美的享受,拨动着他们的心弦,引起浓厚的学习兴趣,加深理解和记忆,增强思维的积极性和持续性。在课堂教学中,教师应根据教学内容和学生思维的特点,运用好板书这种教学语言。

8. 因文而定,有灵活性

课堂教学是千变万化的,它是师生互相启发、互相补充的一种双边活动,需要灵活处理包括板书在内的课堂上出现的各种问题。预先设计的板书常常要临时修改,要因实际情况而定,要富于变化而不拘一格。

(二)学习板书技能的方法和策略

板书是一种"纲要信号",是教学中不可缺少的一种教学手段。板书依靠线条、符号和图形来体现教学重点,开拓学生思路,引发学生兴趣,从而取得事半功倍的效果。板书在配合教学时,要具体情况具体分析,要讲究一定的方法和策略。

(1)整与零的组合

所谓"整"是指整体,"零"是指部分,也就是说板书应从"全局着眼,部分入手"。所谓"全局着眼"即要求教师有整个教材的整体观。具体到每堂课,也要先统观全体内容。

（2）动与静的交替

根据教学板书的形成和呈现方式,板书可分为静态示现板书和动态渐成板书两种。静态示现板书是教师为了节省课堂教学时间预先准备的板书,动态渐成板书是教师在现场书写的板书,两者结合使用。

（3）图与文的相融

中学生喜欢新颖、独特、形式多样的事物,对单调的、枯燥乏味的东西易心理疲劳,降低求知欲。所以在进行板书设计时要图文相融,提升板书的新颖性。

（4）虚与实的相生

教学板书的虚实相生,就是对板书设计的内容进行艺术处理,根据教学需要,使有的内容必须在板书中体现出来,而有的内容则可不必在板书中反映出来。

（5）讲与写的配合

大多数板书都是在课堂上当着学生的面逐步完成的,所以板书内容呈现的次序和时间也需注意考究,要根据课程内容的讲授进程来呈现。

（三）学习体育绘图技能应注意的问题

体育绘图,特别是人体动作简图,虽不同于美术的人体绘画,但也与美术绘画有着密切的关系。学习体育绘图,需要借鉴美术绘画的部分基础知识,用来指导和帮助学生提高绘图水平。通过和体育运动专业知识的相互结合,在实际的练习过程中,让学生逐步掌握体育绘图的技法。学习绘图,应注意以下几个方面的问题。

1.必须熟悉和深入了解动作技术结构和特点

体育动作简图,区别于美术绘画的关键在于表现的目的上。体育动作简图主要是用于形象准确地记录各种各样的人体动作及变化。只有画出的图符合正确的动作技术结构,才具有实用价值。因此,熟悉动作技术结构是画好人体体育动作简图的重要前提之一。图画的好坏与对动作技术理解的深浅有关,对比较熟悉的动作,画得也就比较准确。对于生疏的动作,应当多看图片、相片和教材插图,以及实地观察人在完成动作过程中的形态特征。

2.学习必要的美术基本常识

美术绘画的基础知识,对体育绘图具有一定的指导作用。因此,掌握必要的绘画知识和技法,以此提高画图的水平和效果。正确的人体比例,是画好人体动作图的关键。审美、观察、捕捉人体动态,是画图的灵魂。人体在运动中并不都是平面运动,很多动作是斜面立体的,只有懂得绘画透视原理,才能掌握透视规律,画好透视立体斜面图。

3. 正确运用和掌握理论知识与绘图方法

动作简图,主要表现人体的运动技术。因此,要依据人体运动解剖学和运动生物力学,以及人体运动学的理论知识来指导画图。这样画出的人体动作图才能符合人体运动解剖特征和运动规律,动静分明、生动活泼、形象逼真。画图时要正确运用画图的方法,不可乱涂乱画。

4. 多画多练,循序渐进

学习绘画的方法是多画多练。俗话说"熟能生巧",画得多了,看得就准,手也就熟了。不过开始学画,不能急于求成,要从基本功练起,这和我们学习体育运动技术是一个道理。可以先依照简图图例进行临摹,熟悉简图的特点,再依照教科书上的动作技术图,改画为单线或线面图,逐步过渡到写实,即看着别人的实际动作,进行记画练习,最后能凭自己的形象记忆画出体育动作简图。

(四)学习体育绘图技能的方法和步骤

1. 根据绘图的基本功练习内容和要求进行各种线条和椭圆的基础练习。

2. 依照人体各部分的比例关系,在比例线格纸上反复练习画站立和人体典型动作简图,在绘画过程中熟记人体各部分的比例。

3. 在比例线格纸上,反复画不同类型的徒手操动作。先画单线图后画线面图。

4. 在线格纸或不用线格的纸上画不同面向的徒手操和轻器械体操动作简图。

5. 从运动技术动作简图的图例中选择各项体育项目中有代表性的动作形态,反复进行临摹练习,通过练习熟悉各类动作的线条特征。

6. 参照体育动作技术插图或照片,进行简图的练习。

7. 观察他人做动作,记录试画动作简图的练习。

8. 凭自己的想象画动作简图,当掌握了画人体简图的技法后,可凭自己的想象进行技术动作的绘画。画人体体育动作简图,平时要多注意观察各类运动的动作形态结构,搜集和积累一些特殊结构的动作形态素材,储存在头脑中,便于随时应用。动作形态熟了,图也就画得形象。一般在画图下笔之前,要先构思,头脑中对要画的动作形态有一个大体的形象,并将这一人体形象在画面的空间里做简单的目测,布局构图安排,然后依照顺序下笔画图。

总之,要想掌握画人体体育运动简图的技法,而且画起来得心应手,就应当多临摹、多试画、多观察、多实践,这样才能达到"熟能生巧,巧能生好"的程度。

三、板书和体育绘图技能的类型

(一)板书技能的类型

1. 阐述式板书

阐述式板书,即教师用精练的语句将学生所要掌握的知识内容进行解释说明,让学生掌握基本的概念或者观点。在体育教学中,不同的身体部位涉及的概念比较多。如果没有解释清楚,学生很难理解其中的意思,会降低学生的学习积极性,阻碍课堂内容教学的进度。因而,在每门课程新内容学习中,体育教师应当应用阐述式板书,让所学的内容在学生眼前一目了然,可以立马吸引学生的注意力,顺利开启课堂教学程序。

案例一:

解剖学中的方位名词比较多,如矢状轴、冠状轴和垂直轴,矢状面、冠状面和水平面。这些名词都需要识记性的理解,如果体育教师在教学中不解释清楚,学生就很难理解。

2. 启发式板书

启发式板书,即对学生要回答或要掌握的内容,教师用精简字词形成能反映知识结构的重点提纲。由于课堂讲解瞬息即逝,学生仅凭听讲而要理解一堂课的教学内容全貌,尤其是教学内容的内部结构和各部分之间的逻辑关系,是比较困难的。但有了科学的、合理的启发式板书,这个困难就迎刃而解了。教师在课堂上还可以让学生总结板书,这样既检查了学生知识的掌握情况,又培养了学生的概括能力。启发式板书是课堂板书的血肉,是学习的主要内容,要体现教学目标。设计上应突出知识重点,揭示难点,有利于学生记忆、理解和操练。启发式板书的设计应具有多样性和灵活性,可结合不同的教学内容,采取不同方法。

案例二:

在滑步推铅球的教学中,教师可以采用挂图的方式导入课堂内容,同时在讲解技术动作之前,提出问题,让学生思考。比如,怎样的动作可以使铅球推得更远,在滑步推铅球的动作过程中身体的重心如何变化,在起始动作的时候身体的重心靠身体哪一侧,等等。这样能激发学生的学习热情,激励学生进行探索式学习,让学生主动学习,充分体现学生的主体地位。

3.表格式板书

体育教学的板书呈示方式有多种,其中表格式板书的特点是纲目清楚、简明扼要。教学中的表格式板书具有提示性强,能帮助学生梳理知识要点,促使学生积极思维并参与学习等特点。

案例三:

跳高的类型有背越式跳高、跨越式跳高、剪式跳高等。体育教师在教授这些跳高技巧的时候可以将这些跳高的类型列成一个表格,更好地区分这些跳高动作。

跨越式跳高	剪式跳高
助跑方向与横杆成一定角度,用远离横杆的腿踏跳,起跳点距离横杆垂直面60至80厘米。 当人体腾空后,上体前倾,摆动腿摆过横杆后,向杆下内转下压,使臀部迅速移过横杆,两臂下垂。 过杆时,躯干向横杆方向侧倒并向起跳腿方向扭转,两臂举起。同时起跳腿迅速向上高抬,完成跨越过杆动作。 过杆后,身体侧对横杆,用摆动腿先落地。	助跑方向与旗杆垂直,或稍偏向摆动腿一侧。 踏跳腾空至身体最高点时,臀部过杆并向内转,身体随之向起跳腿方向扭转,并沿垂直轴旋转。 摆动腿过杆后,加大内转动作,大腿下压,上体加大转体动作,并向助跑方向倾斜,头部向助跑方向倾倒。 在起跳腿成弧形过杆后,继续下落,下压地摆动腿向上振起,两腿成剪绞动作,同时上体和头部越过横杆,两臂向上抬举,最后用起跳腿落地。

4.对比式板书

对比式板书属结构选型式板书,它是指教师将教学内容概括、提炼、加工、组合成一定的结构造型而构成的板书。此类板书直观形象、趣味横生,结构严谨、造型优美,富于变化、启发思维,是较受学生欢迎的一类板书。教师使用对此式板书应注意精于设计、巧于制作、善于传神、工于点拨。这种板书适用于对比性强烈的内容。

案例四:

运动生理学中的骨骼肌的收缩方式分为向心收缩、离心收缩、等长收缩和超等长收缩。将它们进行对比学习,可以让学生清晰明了地理解这四种骨骼肌收缩方式的概念。

5.分析式板书

所谓分析,即把一件事物、一种现象、一个概念分成较简单的组成部分,找出这些部分的本质属性和彼此之间的关系,跟"综合"相对。分析式板书就是在教学时,按照分析法的思维过程进行板书的一种板书形式。有些教师在进行问题教学时,边问边答,教师设计的问题层次偏低,数量过多。课堂教学的有效时间大多被问答所占用,气氛低沉不活跃,使得学生产生厌烦之意。采用分析式板书,对重难点进行精练分析,能帮助学生加深对题意的理解,寻求解题的思路,选择最佳解题方法。

案例五:

不同的运动项目,动作的重难点不同。因此,要详细记清楚每一个动作的重点、难点是一件枯燥而又乏味的事情。为了解决这一问题,体育教师可以列出不同运动项目的重点和难点,根据其中的规律来总结一项运动的重难点的划分依据,来帮助学生更好地记忆不同运动项目的重难点。

(二)体育绘图技能的类型

1.体育场地绘图

熟悉场地尺寸及器械的形状。画场地器械简图是为了表达出运动器械与环境的关系,只要有了这种比例上的大小感觉就行,不需要画得十分准确。但是为了使别人能较真实地确认出比赛的场地和环境,还是要画出比例及形态,因此画图者必须熟悉各种要画的运动场地的尺寸比例及各种器械的基本形态与结构,如图 4 - 11 和图 4 - 12 所示。

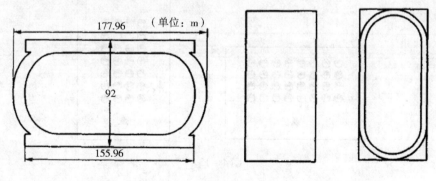

图 4 - 11

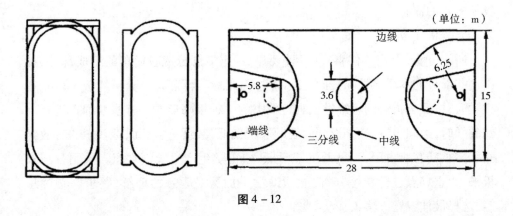

图 4－12

2.队列队形练习

所谓队列队形练习是指在体育活动过程中,学生按照一定的要求所进行的协调而统一的工作。它的内容形象生动、形式多样。队列队形练习不仅可以培养学生的组织性、纪律性和整体观念,促进青少年身体的正常发育,形成优美的姿态,还可以起到完成教学任务、提高教学质量的作用。因此,队列队形练习并不单纯只是体育教学、体育表演的重要内容,更重要的是它也是实现体育训练、教学、表演的组织手段,尤其是在大型团体操表演中,队形更是千变万化。身为一名体育教师,不仅要对队列队形练习的基本内容及运用方法有个初步的了解,而且还应该对各种队形的创新设计和绘画技巧有所掌握。上课队形如图4－13,教学组织队形如图4－14。

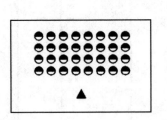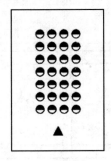

图 4－13

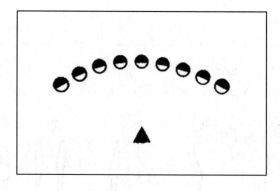

图 4 - 14

3.单线图的画法

画单线图的要点是：

(1)头的形状只需信手画一个圆就行了,圆不圆无关紧要,只要能看得懂即可。侧面头为显示面部朝向可加一曲线为头发或加一短线在鼻子部位。

(2)省略掉人体各部分细节,如耳朵、手指等。

(3)省略人体结构线中较小的曲线,如躯干线、髋线、手腕线等。

(4)整体观察对象的外形,尽可能把对象动作概括成一个简单几何形或几条线或一个熟悉的符号,把对象快速写下来,最后在适当的地方添画上头,如图4 - 15 所示。

图 4 - 15

4.线面图的画法

线面图是在单线图的基础上,通过双线表现躯干的细微变化和头、手、脚形态的变化以及线条运用的柔和变化。它提高了简图的表现力和美观实用性,阐述了人体在运动中躯干、头、手、脚的形态变化特点,如图4-16所示。

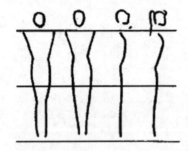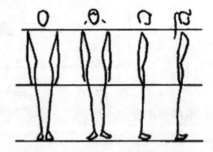

图4-16

思考与练习

1.什么叫板书与体育绘图技能?板书与体育绘图技能的作用有哪些?

2.请依次举例说出板书和体育绘图技能的类型。

3.简要阐述运用板书和体育绘图技能的注意事项和方法。

第五节　口令技能

[内容提要]

口令是体育教师口头发布命令的一种语言形式,属于体育教学中特有的专业性教学语言,是体育教师的基本功和必须掌握的一项基本教学技能。本节简要阐述了体育教学口令技能的概念、特征、功能、分类及构成要素,提出了应用口令技能的基本要求,明确了口令技能的训练内容、目标、注意事项及其评价。

一、口令技能概述

(一)口令技能的概念

在古代,口令是战斗、练兵或做体操时以简短的术语下达的口头命令,或是在能见度不良的情况下识别敌我的一种口头暗号,一般以单词或数字表示。因此,口令是一种口头语言。

在现代教学中,体育口令借助于军事口令,属于体育教学中特有的专业性语言,也是最具特色的语言形式。口令由字、词和数字以固定的语言节奏方式组合而成,所以,教学口令也是表达一定的语意和传达思想感情的一种教学活动行为。口令技能是指体育教师发布命令的一种语言形式,是一种特定的提供指导活动的语言行为方式。

口令的表达是通过声音的长短、高低、强弱、间歇的变化,以命令和要求的方式有效地指挥学生活动的教学手段。口令语言与教学基本语言有许多共同之处,如吐字、发音、语速等,但在音量、音域等方面与教学基本语言有明显差异。从某种意义上讲,口令是体育教师的一门语言艺术,是夸大了的抑扬顿挫的延续。优秀体育教师喊口令声音清晰、洪亮,声情并茂,优美动听,给人以美的享受。

(二)口令技能的特征

口令既有一般语言所具有的特点,在教学中它又有自己所独有的特征。

1. 口令的准确性

口令本身具有准确性,只有教师准确地下达命令,学生们才能准确地完成动作。体育口令源于军事口令,内容明确。教师在下达口令时,要保证时机准确、口令清晰、音正意准。含混不清,错误口令,是体育教师运用口令的大忌。

例如,看似简单的"立——定"口令的下达,下达时,"立"应落在哪只脚上,"立——定"应该用怎样的节奏喊,这都是体育教师必须准确掌握的。

2. 口令的简洁性

体育口令简短精练。教师一般利用简短的口语或数字下达口令。下达口令的时候,只需说明"是什么""怎么办",无须解释"为什么"。简而言之,突出重心,没有废话,是口令的鲜明特点。口令要简洁明了,坚决果断,不容迟疑。稍有迟疑或不够果断的口令,都将导致学生无法圆满地完成规定动作。一些特定的简洁指令,不仅使学生明了,更能节约教师组织的时间。

如"稍息、立正、集合、分散"等口令,教师没有必要再多做烦琐的指示,只要简单说几个词,学生就能明白自己要完成的动作。

3.口令的节奏性

口令声有长短、高低之分,教师在下达口令时一般都是清晰、洪亮、抑扬顿挫的。我们在平时生活中,一般是不会用具有节奏性的语气来说话交往的,所以节奏性是口令所独有的特点。

体育课中口令的节奏性一般体现在:口令的分解,如"预备——起""一二、三四、五六、七八",这样既可有利于听者有准备时间,动作节奏清晰,整齐划一,又可保证教师喊口令时的换气。口令的节奏比较具体,一般与动作性质相吻合,准确把握口令的节奏,注意音量的高低、主音的突出,在何时何处发生用力或停顿,都是需要教师在实践中多加练习的。

4.口令的针对性

口令是指示,故有针对性,它是教师在明确目的的情况下发出的信号和指令。口令的针对性就是要具体准确,具体就是针对性的体现,如集合整队、队列操练、体育比赛及集体游戏等都有一定的口令。特别是在许多体育比赛上,就得针对性地发出该项比赛的有关口令及术语,同时还要注意所发口令的时间和空间。口令针对性强,既能使学生精神饱满、精力集中,又能减轻教师的工作负荷。

5.口令的程序性

口令要具有一定的程序性,如学生还未集合就不能喊稍息、立正,还未踏步就不能喊立定。预动令结合的口令就必须先喊预令再喊动令。

(三)口令技能的功能

1.维护课堂秩序

体育课一般都是在开放的空间进行,由于上课环境、上课形式的改变,学生更容易受到外界的影响,这样就弱化了教师对学生的主导作用,更是要求教师要通过简明、清晰、准确的口令来组织、控制学生,以此维持良好的课堂纪律。例如,进行一些队列变换的口令,能够使学生的注意力集中,可以有效地指挥学生的行动,即在最短的时间内把学生从无序的状态变成有序的状态。这样既能控制课堂秩序,又节约了组织学生的时间,提高了教学的效率。

2.积极调动队伍

体育课教学从开始到结束都离不开队伍的安排与调动,正确地掌握和运用口令,有利于课中调动练习队伍或者组织学生的队形。队伍调动得当与否直接影响教学的效果和质量。

教师掌握好口令技能后,可以通过不同的声音、音调,发出各种形式的口令来准确调动指挥队伍,有针对性地下达指令还可以有效节省教学时间。例如集合的时候,要求学生站成四列横队,教师就可以直接下达口令:成四列横队——集合!

3. 提高教师信心

体育教学中,教学环境影响因素较多,总有可能出现失控现象,学生们乱而无章法是每位教师都要面临的问题。在碰到这种现象的时候,教师就要拿出威严的一面来进行组织处理。口令向学生们传达的信息必须跟随口令的指示做出对应的动作,具有强制性。一个教师尤其是新教师在课堂上与学生接触的时候,口令传达了你的思想,干脆有力的口令更能起到命令的作用,这样无形中树立了教师的威信,也增强了教师的自信。学生们在教师口令的带动下,能够紧紧跟随教师的思路,教学过程安排有序,也能更好地提高教师的信心。

4. 激发学生兴趣

教学中,教师的一言一行时刻影响着学生,在一堂课的开始,教师如果精神抖擞地向学生问好,学生的精神也会为之振奋。口令可以树立教师的威信,使得学生紧随教师的思想,同样也能调动课堂的气氛。喊口令是一种愉快的活动,教师激情洪亮的口令,可以充分调动学生的情绪。在教学中教师和学生的情绪互相影响,教师的激情启发学生,学生的激情又鼓励了教师,这样一节体育课怎么可能会死气沉沉?

健美操学习中,在节奏感很强的音乐带动下,教师带领学生做练习,教师运用口令或提示"一——二——抬头"或鼓励"五——六——不错",恰当地运用口令和节拍提示动作要领,既可以使学生较快地掌握动作,又能活跃课堂气氛,激发和调动学生学习的积极性。

(四)口令技能的构成要素

1. 口令结构

口令结构一般包括预令、中间停顿、动令三个部分。

预令是指动作的性质,即说明要做什么动作。预令的长短一般视队伍大小、练习场地、外部环境和学生年龄等情况而定。中间停顿是指在下达动令前停顿合适的时间,下达口令时有一定的停顿,可以使学生对所发出的口令得以思索,了解并做出准备。动令是命令动作的开始,它不决定动作的性质。动令要短促有力,洪亮干脆,要注意学生的情绪变化,不能使他们感觉仓促紧张,以致举动失措。

2. 口令用语

体育教师一定要注意教学中口令的规范与正确,做到不下达无目的、无效的口令。口令的内容及下达方式都已经有所规定,教师应该统一使用体育专业术语下达口令,不用日常口语替代教学口令,以确保口令的权威性和严肃性。

队列队形练习的基本术语:

列:学生在一条直线上左右排列成的队形,几排即为几列。前排为第一列,以此类推。二列横队,第一列称前列,第二列称后列。

路:学生在一条直线上前后排列成的队形,几行即为几路。左边第一行为第一路(也称左路),以此类推。

横队:按列排成的队形称为横队,其正面(宽度)大于纵深。

纵队:按路排成的队形称为纵队。通常,其纵深大于正面(宽度)。

翼:队列的两端。左端为左翼,右端为右翼。多列行进变换方向时,处于转弯内侧的一翼称为轴翼,另一翼为外翼。

排头:位于纵队之首或横队右翼的学生(一个或数个)叫排头。

排尾:位于纵队之尾或横队左翼的学生(一个或数个)叫排尾。

基准学生:指定作为看齐目标的学生叫基准学生。如以右翼排为基准向右看齐;以某某为基准向中看齐。

正面:队列中学生所面向的一面叫正面。

后面:与正面相反的一面叫后面。

间隔:学生彼此之间左右相距的间隙叫间隔。

距离:学生彼此之间前后相距的间隙叫距离。

队形宽度:两翼之间的横宽叫队形宽度。

队形纵深:从第一列(站在最前面的学生)到最后一列(站在最后面的学生)的纵长叫队形纵深。

伍:成数列横队时,前后排列的学生称为伍。各伍人数与列数相等时叫满伍,人数少于列数的叫缺伍。

3. 口令发声

要恰当地运用口令教学,首先要掌握正确的口令发声部位。发声部位主要是口腔、胸腔、腹腔。口令发声要求吸气有深度,胸腔和肺部全面扩大,但无僵硬感。呼气后微微保持原状,喊时气流顺畅、均匀有节奏,有明显的呼吸支持点。声门闭合,声带随着声音的高低强弱而变更其长度、厚度和张力;口适度张开,舌根、下颚及脸部不紧张,喉头稳定,但不用力;上颚稍向上抬,并会感到上部共鸣的作用。当口令这样发出时,才能感觉到全部发声器官的协调动作。

4. 口令节奏

呼喊口令的过程是展示口令语义的过程,口令的发音节奏不同,其运用效果也就明显不同。在下达口令的时候,教师要注意预令和动令要有明显的节奏,做到不疾不徐有适当间歇,使学生可以在听到预令后有时间准备动作。口令的节奏变化,使口令成为振奋学生精神、鼓舞士气的重要手段。

掌握口令的节奏,与换气密切相关,换气的方法主要有大换气、小换气和偷换气三种。

大换气:在休止的地方从容换气。有预令的应在预令和动令之间换气,如"向右——转";无预令的口令应在口令下达后换气,如"立正""坐下"等;走(跑)步时,喊"一二一",在休止时换气。

小换气:在顿挫的地方换气,也叫补气。如数字间的换气,即走或跑时喊的口号"1——2——3——4""123——4"等。

偷换气:用极短时间偷偷地、不明显地换气,但换气时注意要快、要稳。如广播体操前一节至后一节间的换气或者8拍中间的换气。

5. 口令音量

口令的音量大小应以能使全体学生听清为宜,一般取决于队伍的纵深长度和人数的多少。下达口令时;教师不仅要注意音量的大小,还要注意音量的强度变化,一般有预令和动令的口令,起音相对要低,然后由低到高,音调逐渐升高,音量逐渐加大。另外,教师在下达口令时,还要突出并恰当地运用主音,重点字音量要加大、加重,拖音也要恰当加长。例如"向左——转"口令就突出在"左"字上。这样强调主音,加大其音量,可以强调口令的意图,引起学生的注意和重视,提高教学效果。

二、口令的分类

口令按练习类别可分为队列口令、徒手操口令、田径口令、武术口令等。根据下达口令的内容和方法,又可分为短促、断续、连续和复合口令。

(一)按照口令下达方法的不同划分

1. 短促口令

短促口令的特点是只有动令,发音短促有力,无论几个字,中间不拖音,不停顿,按数数平均时间,有时最后一个音稍长。例如"稍息""立正""起立""坐下""投""跳""左转弯""集合""解散"等。

2. 断续口令

断续口令的特点是预令和动令之间有停顿(微歇)。例如"第×名,出列""预备、投"。

3. 连续口令

连续口令的特点是预令的拖音与动令相连,预令拖音稍长,动令短促有力。有时预令与动令之间有微歇。例如"齐步——走""向左——转""成二路纵队向右转——走"。

4. 复合口令

复合口令兼有断续和连续口令的特点。例如"以××为基准,向中看齐""左后转弯,跑步——走"。

(二)按照内容表达方式的不同划分

1. 常规口令

常规口令是借助于简洁、规范的语言,用口令的形式指导教学。常规口令统一规范,具有针对性,教师不可以自己添加个人语言,如"跑步——走"绝对不可以喊成"跑步——跑"。

在体育教学中,运用常规口令最多体现在队列队形练习中,即运用口令来调动队伍。队列练习是指学生按照一定的队形,根据规定的队列条令,做协同一致的动作。队列操练必须严格按照中国人民解放军队列条令进行。队形练习是指在队列练习的基础上所做的各种队形和图形的变化。而学生队伍的调动和组织又是建立在队列队形练习的基础上。体育课不同于室内文化课,在教学中,会有很多学生队伍的调动与组织,这都需要教师下达正确的口令进行指挥。所以一个体育教师如果不会使用规范正确的口令,要想上好一堂规范的体育课是十分困难的。

案例一：

在一节体育课上，教师需要每位学生跑步去筐内拿篮球，教师很随意地对学生们说"大家去把旁边的篮球拿过来"，结果全班学生一窝蜂地跑向篮球，乱作一团。

其实，这种现象在我们实际教学中屡屡出现。作为一个体育教师，如果你没办法把课堂组织或队伍进行灵活的调动，那在教学中很容易浪费时间。我们碰到上述情况就可以运用口令，进行队伍的调动，如教师下达口令："全体向右（左）——转，目标，筐内篮球，每人一个，按顺序取球。第一路排头带领跑步——走！"这样一连串的口令清晰又明确，既明确了学生每人一球顺序取球的要求，又正确指出了学生取球的路线。

2. 数字口令

数字口令是通过数字的形式来表达，调整动作的节奏与整齐度的口令。数字口令可以很好地调整队伍。教学中教师常用简单的数字来调整学生动作的节奏，增强动作的整齐性。如跨栏的栏间三步练习，在做动作时，教师可以按节奏喊"1——2——3"，以此来调整动作的节奏。

队列练习中的"1——2——1"是最常用的数字口令，还有跑步中，教师领喊口令"123——4"，学生也随教师喊出"123——4"，这样不仅可以培养学生的节奏感、协调性，还有助于振奋情绪，并使动作达到整齐一致。

3. 信号口令

信号口令是运用哨声、拍掌等提示性的声响代替语言的口令，给练习者示意用力时机、动作节奏和动作提要。信号口令主要起提示作用。

（1）哨声、掌声、音乐

一些外界媒介，如哨声、掌声、音乐可针对口令节奏性的特点而代替教师自身发出的口令。

特别是哨子的运用，体育教学中尤为重要。哨声具有非口头语言所能表达的语言功能，其特点是音响高、音质脆。在体育教学中，教师可以运用哨音代替一些口令的下达。哨声是体育教师所独有的教学信号，对整个课堂教学组织工作有着重要的作用，故又可称为体育教师的"第二语言"。

掌声、音乐也是教师习惯运用的，掌声可以代替一些提示口令。教学中，教师配合拍掌或其他道具来指挥学生，进行动作的提示。如口令"1——2——

3——45"用掌声就可以表达为"啪——啪——啪——啪啪",这样教师可用声响形象地描述动作的快慢等节奏。把掌声作为教学的一种手段,一定要把握良机,恰到好处,以达到预期的效果。

(2)单字口令

单字口令是指在教学中,在传授动作技能的关键部分时,教师用单个字音的形式,通过口令来提示学生该如何做或者该注意什么。主要是通过单字的呼声给学生揭示零散的、关键的知识点。

单字口令容易操作,灵活方便,它可以针对具体问题,用几个字来突出重点强化的地方及解决难点的问题。特别是在教学中,教师适时地喊出一句单字口令,可以起到警醒的作用,防止错误的产生。

单字口令简单洪亮,它主要起到提示性的作用,不同于其他口令要讲究节奏或停顿,特别是在连续技术环节中起到重点提示的作用。在教学中,教师运用单字口令,在关键环节简单准确地喊出同学们所要注意的事项。其指示、指挥和指导的作用是其他口令所不能代替的。

案例二:

教师可把初级长拳中的"提膝穿掌、仆步穿掌、虚步挑掌、马步推掌、叉步双摆掌、弓步击掌"归纳为"提、穿、挑、推、摆、击"六个单字,这样练习时,教师可喊出这几个简单的口令,提示学生完成动作。

三、口令技能的运用

(一)运用口令技能的基本要求

口令既然是教师对学生发布的口头命令,就应与普通的对话有区别。好的口令既能使学生感受到一种强烈而良好的刺激,使学生神经系统兴奋,注意力高度集中,又不感到紧张,这种刺激能促使学生做出准确的行动反应。体育教师发布的口令要准确、清晰、洪亮,应注意以下要求:

1. 发音正确,用词准确规范

发口令时,要使发音器产生共鸣,避免只在喉底发音。发短促口令时一般用胸音(即胸膈膜音);发带拖音的口令时,一般都用腹音,发音时由小腹向上提气。关于口令中"二"和"两"的使用,《中国人民解放军队列条令》中有明确规定,凡指人数和步数时应用"两",如"前排头两人,向前两步——走";指队形数量和次序时则应用"二",如"成二列横队,集合""成二路纵队,集合"。口令应该用标准的普通话来叫喊。

2. 预令清楚、悠长

预令必须清楚而带有一定的悠长的拖音,使学生听清楚动作的内容,了解教师的意图,及时做好充分的准备。预令切忌吐词不清,使学生无法理解。

3. 动令短促、有力

动令是动作开始的命令,因此必须以坚定有力、不容置疑的必须执行的语调下达。预令至动令之间的间歇时间要根据学生人数的多少和分布范围的大小而定。人数多、分布范围大则间歇时间长,反之则时间短。在做行进间动作时,动令下达的落点必须十分准确,这是队列练习时口令的难点。

4. 要突出方向和教学的主音

下达口令时,表示动作方向和数量的字,要加大音量并叫喊得特别清楚。如"向前三步——走"的"三"要加大音量,"向右转"和"向后转"的"右"和"后"要清晰可辨。

5. 口令呼喊要富有情感、音量适中、节奏感强

口令的音量不要平均分配,一般来说,口令的起音稍低,逐步向高拔音。如"向右看——齐"的"齐",发音要高亢有力,最后一个音有向脑门上"冲"的感觉。音量的控制应使全体学生听到、听清为原则。

6. 口令要坚定果断,一次见效

在指挥学生开始或停止练习,要求学生应该怎么做和不应该怎么做时,教师发布口令要严肃、坚定果断,使学生做到有令则行,有禁则止,必须一次见效。教师在下达口令前,要注意时机,不可在学生毫无思想准备的情况下突然下达口令。因此,教师在下达口令前要使学生注意力集中,如提示"注意了"或鸣一声口哨,然后再下达口令,使口令一次见效。教师的口令要具有权威性,斩钉截铁,不容置疑,不能模棱两可,优柔寡断。

(二)口令技能训练内容

1. 原地四面转法口令练习。

2. 行进间队形调动口令练习。

3. 徒手操口令练习。

4. 带做广播操口令练习,要求一边喊口令一边做镜面示范。

(三)口令技能训练目标

1. 掌握口令技能的基本理论知识,熟悉口令技能的构成要素和运用要求。

2.能熟练运用各类口令技能。

3.通过实际训练,具有带大型广播操的基本能力。

4.口令声音洪亮、果断有力、节奏感强、富有情感。

(四)运用口令技能的注意事项

1.发声部位要准确

口令练习时正确的发声部位应该是胸腔、口腔、头腔三个部位产生共鸣。

一般在发口令前要吸气,吸气的深度根据口令的类别和要求而定。如下达短促口令"立正""稍息""报数"等,一般向下压气,以胸腔共鸣为主。下达连续口令时,要带拖音,如"齐步——走""向右——转"等吸气要深一些,一般要吸到丹田,达到发声洪亮、宽厚、有气势的目的。

2.掌握好口令的节奏

各种口令的下达都要注意节奏,预令、动令和间歇都要有明显的节奏,一是让学生能听清楚,二是让学生能有所准备。在体育教学中,下达口令时,要注意字与字之间不可平均发音,要有所侧重。

下达命令时,无论字多字少都不能断开,要一气呵成。如"向右看——齐"不能喊成"向右——看齐",也不能喊成"向——右——看——齐"。喊动令的时候一定要短促有力,与前面的预感要有所间隔,要断开。在喊无预令口令时,两个字不得平均发声,应做到前一个字轻,后一个字重,前一个字短,后一个字稍长,如"稍息""立正"等。

3.合理地运用呼吸

正确地呼吸是掌握好喊口令的基础,在喊口令的时候,要把发声器官协调一致地动员起来,才能加大呼气量,获得正确的发声,达到良好的效果。

因此,呼喊口令的时候,要根据口令的性质来决定吸气的深度,如喊长而大的口令,吸气就应吸得深一些。吸气后深肺部空气多,肺部发出的气流强,声带振动的频率就高,振幅大,发出的声音也强。在这种情况下发出的口令,自然就能做到底气足、声音洪亮、有气势。

4.教师要有正确的站姿

练习口令首先要掌握正确的站立姿势,因为正确的站立姿势是口令发声的基础,它能使发声器官的各个部分处在最有利的体位,易于相互配合,协调动作,从而获得正确的口令发声。并且,教师站姿端正,也能影响学生的精神状态,增强口令的感染力。

思考与练习

1. 什么是口令技能？简述其基本功能。

2. 应用口令技能有哪些基本要求？

3. 带领一套广播操,要求一边喊口令一边做镜面示范。

第六节 提问技能

[内容提要]

提问技能作为课堂教学的基本技能之一,是教师在课堂教学活动中所做的比较高水平的智力动作。它作为一项可操作、可示范、可反馈评价、可掌握的教学技能,正受到众多教师的重视和研究。本节简要阐述了体育教学提问技能的概念、构成要素、功能及分类,提出了应用提问技能的基本要求,明确了提问技能的训练注意事项及其评价。

一、提问技能概述

(一)提问技能的概念

提问技能是教师以“问题—解决”的方式启发学生思考,促使学生参与学习,推动教学进程的一种基本的教学技能。其目的在于促进学生参与学习,了解学生的学习状态,启发思维,使学生理解知识、掌握技能、发展能力。它是课堂教学中进行师生相互交流的重要教学技能。在体育课堂中,教师通过提问的方式进行师生互动,实现师生间的沟通,同时培养学生独立探索、勇于创新的能力,促进体育教学向更深一层发展。因此,提问技能不仅是一种教学方法,更是一门教学艺术,被教育者们视为“有效教学的核心”。

(二)提问技能的构成要素

提问技能是个系统的过程,由一系列的要素构成,包括提问的框架、措辞、分布、候答、理答。在体育教学中,教师如果能结合学生的能力和教学内容,恰当地运用这些要素,就能提高自己的提问技能,达到促进教学的目的。

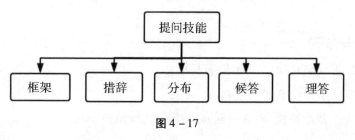

图 4-17

1. 框架

体育课堂提问要具有预见性。也就是说,教师在提问之前要精心设计问题,即教师在备课时必须"备问题",要根据教材内容和学生认知实际,精心选择、设计一些与实现教学目标有关的问题,把这些问题排列成一个由浅入深、由易到难的系列,从而给学生提供一个连续思考的问题框架。

2. 措辞

有了提问的整体框架后,教师要用语言把问题表达出来。于是,提问的措辞就构成了提问技能的第二要素。措辞是指问题设计的语言要准确、明白、简洁,问题的表述要适应全体学生的心理发展水平和知识能力水平,使他们能较快地做出反应。否则,学生听起来就会感到非常吃力,理解题意会感到很困难,还可能产生误解,继而阻碍学生去思考问题。

3. 分布

为了使尽可能多的学生参与教学活动,教师应该有意识地将问题在全体学生中分布,以此来鼓励所有学生,使他们感到寻找答案人人有责,而不仅仅是几个特殊学生的事。尤其对那些不爱发言的学生,强迫性的提问也是适当的,同时要查明不自愿应答行为的原因、学生的背景、教学内容的特点等。

4. 候答

候答是指从教师发问到学生回答完问题的这段时间,包括停顿、聆听和提示三个部分。

在教学提问中,教师应该注重学生的思维过程,给学生留出思考的时间,只有这样才能培养出思考型、学习型的好学生。因此,教师发问后要有停顿,使学生做好接受问题和回答问题的思想准备。

5. 理答

理答指的是教师对学生回答所做的反应。教师的反应对学生进一步参与起到重要的作用。要对学生的回答做出正确的反应,必须对学生的回答进行正确的分析,而这种分析判断是在瞬间完成的。

(三)提问技能的功能

1. 集中注意力,激发兴趣

教师提问,实际上是给学生一个刺激,具有一定的定向作用,可以使学生的兴趣和注意力集中在每一个特定的动作技术环节或动作要领上,并产生学习动作技能的自觉意向。此外,如果出现课堂纪律松懈,部分学生注意力不集中、精力分散或对问题不感兴趣的现象,有经验、有能力的体育教师是不会靠权威和管束的方法来维持课堂纪律的,而是通过艺术性的提问来吸引学生对教学内容的兴趣,使学生的注意力转向教学活动,从而达到维持教学秩序、保证教学顺利进行的目的。

2. 增进交流,获取反馈

师生交流频繁是体育课堂教学的显著特点之一,有效的师生交流在很大程度上影响着体育课堂的教学质量,而提问正是解决有效师生交流的重要方式之一。"教师提问—学生回答—教师反馈"这一过程中包含着大量的对话,在师生对话中加深师生之间的了解,融洽师生间的关系,使师生处在平等、民主的课堂气氛之中。

此外,教师还可以通过提问,及时了解学生对所学动作技能的掌握和理解情况,获得积极的教学反馈信息,更全面地检查自己的教学效果,并据此调整相应的教学策略、教学进程,做到因材施教、有的放矢,提高体育课堂的教学质量。

3. 启发思维,提高能力

"思从疑始",没有问题就没有认知的困惑,也就无法开启思维。因此,科学的提问对学生思维能力的提高具有重要的作用,它是提高学生思维能力的主要方法。

此外,提问是师生信息双向交流的过程。教师提出问题,学生需要快速思考,并用清晰、准确、简洁的语言回答。这种多次重复"整理思路—组织语言—陈述答案"的过程,学生将自己掌握的科学文化知识运用到体育学习实践中,用科学的理论和方法解决体育运动中的实际问题,培养了学生分析问题、解决问题的能力。

二、提问技能的类型

教师的提问技能根据不同的标准可以划分为不同的类型,最常见的分类有两种,分别从认知层次水平和提问技巧两个方面进行分类。

(一)认知层次水平

在这种提问模式中,根据认知领域的六个主要层次,教师的提问分别为:知识水平的提问、理解水平的提问、应用水平的提问、分析水平的提问、综合水平的提问和评价水平的提问。

1.知识水平的提问

知识水平的提问又称回忆性提问,主要目的是确定学生是否已记住先前的内容,特别是与新授内容相关的内容,这是最低层次、最低水平的提问,它所涉及的心理过程主要是回忆。学生对这类问题的回答无须做过多的思考,只需要通过回忆,陈述已学过的知识、概念、动作方法即可。

案例一:"山羊分腿腾越"单元教学第四课时教学片段

学校:江苏省南通市北城中学

学生学段:水平四(初二年级)

教师:陆冬冬

教学内容:山羊分腿腾越完整动作及拓展练习

教学片段:

师:在一堂课中,老师讲过山羊分腿腾越动作由四个环节组成,还记得吗?

生:记得。

师:哪四个环节?

生:助跑。

师:谁知道第二个环节?

生:踏跳。

师:第三个环节呢?

生:分腿。

师:也就是什么?

生:支撑。

师:对,支撑跳跃。那第四个环节呢?

生:落地。

师:对,同学们回答得非常正确。整个分腿腾越动作有助跑、踏跳、支撑跳跃和落地四个环节。下面我们就先练习下助跑与踏跳这两个动作。

2. 理解水平的提问

理解水平的提问指通过有序的提问来加深学生对所学内容的理解,促进迁移。主要目的是用来帮助学生组织所学的知识,弄清它们的含义,并且用自己的话概括段意、中心思想,对事物进行对比分析等。

案例二:"箱上前滚翻"教学片段

学校:北京市海淀区中关村第一小学

学生学段:五年级

教师:张军

教学内容:箱上前滚翻、障碍接力教学片段

教师进行箱上前滚翻动作示范

师:同学们讨论思考一下,箱上前滚翻与垫上团身前滚翻有哪些相同点和不同点?

学生讨论思考

师:好,哪位同学说下它们之间的相同点是什么?

生1:着垫顺序一样。

教师鼓励同学们积极发言。

生2:都是要滚得圆、滚得直。

师(补充):是不是都还有蹬地动作呢,那么不同点是什么?哪位同学回答一下?

生1:垫上前滚翻不需要助跑、踏跳。

生2:箱上前滚翻提臀要高于肩。

生3:箱上前滚翻要先直臂后弯臂,再低头含胸。

师:同学们回答得非常好,接下来我们就进行箱上前滚翻的学习。

3. 应用水平的提问

应用水平的提问指以"问题—解决"的形式,让学生将所学的内容运用到实际问题的解决中,要求学生能运用所学的知识、技能、原理或理论,在尽量少的指导下解决实际问题。比如学生运用有关原理、公式来解决相关的现实问题。

案例三:高二年级学生的"体操跪跳"教学

在体操跪跳教学中,教师先出示弹簧,然后让学生跪立垫子上模仿弹簧的反弹并亲身感受。

教师:如果要弹跳起来,我们首先应该怎么办?

学生:身体向下压。

教师:力量从哪里来?

学生:摆臂、压小腿。

教师:弹压下去后,是什么状况?

学生:全面贴垫。

4.分析水平的提问

分析水平的提问是通过提问让学生明确知识之间的逻辑关系,分析知识的结构、因素,弄清事物间的关系或事项的前因后果,能够根据自己掌握的信息进行相关的批判和推论。分析水平的提问要求学生在现有信息的基础上,独立进行思考,是一种高级的思维活动,具有一定的开放性和创造性。

案例四:小学二年级学生的"跑几步单脚起跳双脚落地"教学(第四届全国中小学体育教学观摩课)

学生练习后,教师提问:看了刚才同学们的练习,我们大家也知道以前跳单双圈的动作要领,现在你们想给其他同学提什么建议?

生1:单圈的时候要单脚,双圈的时候要双脚。

生2:不要踩到圈。

生3:要按照拍的节奏跳。

生4:落地时要稍微下蹲。

师:同学们回答得非常好,接下来大家就根据这几点建议继续练习。

学生练习,教师指导……

跑几步单踏双落练习后,教师提问:老师看了同学们的练习,我发现了一个问题,就是落到垫子上以后,有些同学身体往前趴或者东倒西歪,哪个同学说下为什么?

生1:没有缓冲。

生2:没有下蹲。

师:老师刚才给同学们喊的节奏是:跑—跑—跑—跳—蹲。也就是说,落地的时候要双脚同时落地并下蹲。在练习的时候要注意,同时要给同伴喊节奏加油。

学生继续练习……

5. 综合水平的提问

综合水平的提问要求学生将所学知识以另一种新的或有创造性的方式组合起来,形成一种新的关系。它要求学生对某一课题或内容的整体有所了解,能进行预见,创造性地解决问题。

案例五:小学六年级学生的"篮球投篮得分"教学

球类游戏"3 对 3 半场比赛"结束后,教师提问:你什么时候才会决定投篮?

(回答:当在适当的投篮距离,并判断对方来不及防守时。)

教师:你会怎样将球投出,以保证准确投入?

(回答:身体面向篮筐,手托稳篮球,手肘低于球体并贴近身体,膝关节微屈,球出手后手指指向篮筐。)

6. 评价水平的提问

评价水平的提问是提问的最高层次,要求学生根据一定的标准对一些观念、价值观、问题解决思路或伦理等进行反思、判断和选择,并能提出自己的独特见解。

(二)提问技巧

1. 诱导提问

诱导提问指通过创设问题情境,激发学生的问题意识,"引诱"学生产生问题并进行理解与回答。一般在某个新技术的起始阶段,教师为了激发学生的学习兴趣,进行定向思维,常常采用这一类型的提问。

案例六:五年级学生的"肩肘倒立"教学(第四届全国中小学体育教学观摩课)

教师:我下面会给大家做两个肩肘倒立的动作示范,第一次示范之前,请同学们注意看我的手臂和臀部的动作。(第一次示范完毕)

教师:现在我问一下同学们,示范过程中,我的手臂是什么样的?

学生:压垫子。

教师:那我的臀部是什么动作呢?

学生:伸直了。

教师:好,老师再做一次示范,这次同学们要注意观察老师的脚面。(第二次示范完毕)

教师:脚是什么动作?

学生:脚是绷直的。

教师:好,其实这个动作是有方法的,老师来给大家说这个方法。第一个叫"双手压垫"。第二个叫"举臂伸腿",就是身体向上用力。第三个叫"垂直稳定",你要能立一会儿。第四个叫"绷脚尖",脚尖是绷直的而不是勾起来的。好,咱们一起复述一遍。

教师、学生:双手压垫,举臂伸腿,垂直稳定,绷脚尖。

教师:同学们带着口诀回去练习,注意你的手用力压垫子,练习开始。

2.疏导提问

疏导提问指教师依据思考问题的一般逻辑对学生的知识进行疏导的提问,目的是使学生对所学内容的逻辑关系和完整体系有正确的认识。

案例七:初中二年级学生的"弯道跑"教学

弯道跑的教学,能让学生更好地理解弯道跑时身体动作的变化。教师提问:汽车在转弯时,乘客们的身体会向哪倾斜?

学生:身体向外倾斜。

教师:对,而且过弯道时的速度越快,向外的力就越大。有哪位同学说下原因?

学生:因为离心力的作用。(初二的学生已经学习了离心力原理。)

教师:同学们回答得很正确。那现在大家再想象一下骑自行车快速过弯道的感觉,和我们平时走路的身体姿势有什么区别?

学生:身体要向内倾斜。

教师:大家都有过这样的感觉,那么今天我们就来学习一下弯道跑技术。大家在练习时,注意体验一下如何克服向外倒的现象。弯道跑时,我们的身体姿势与摆臂动作和直道跑有什么区别?

3.台阶提问

台阶提问是将一组提问由简到繁、由浅入深地排列得像阶梯一样,引导学生一阶一阶地攀登,以达到教学目标。设计这种类型的提问,应符合学生的认知规律,层层推进,步步深入,注意坡度。

案例八:初一学生的"肩肘倒立"教学

在教学肩肘倒立时,可通过以下几个问题形成一个教学梯度,解决倒立时的支撑问题。

教师出示教具——一块三合板和一根小棒,并提出第一个问题:"怎样才能将老师手中的三合板直立在地上?"在学生回答后,教师提出第二个问题:"我们人体怎样才能像三合板一样倒立在地上?"在学生得出结论"整个身体就是一个面,肩膀为底边,双手就是支撑棒"后,让学生进行尝试。接着教师提出第三个问题:"双手怎样支撑,支撑在哪个部位?"这个问题涉及支撑手形、支撑部位、两肘的夹角等关键性问题。

4. 迂回提问

迂回提问也称曲问,指为解决一个问题,迂回地提出另外一个或几个问题。这种类型的提问意在训练学生思维的发散性和思考问题的全面性,使学生处于主动学习的地位。

案例九:小学三年级学生的"青蛙跳"教学

师:刚才小朋友们跳得都很好! 现在老师要奖励小朋友一个小故事,高兴吗?

生:高兴!

(学生围到老师的身边,老师出示大黑板,黑板上画有湖水和几片荷叶,荷叶上粘贴着一只可爱的青蛙。)

师:有一年的夏天,老师到了汾河公园,湖面上有大片的荷叶,有一只青蛙正半蹲在一片荷叶上,我正想慢慢靠近它看个究竟,青蛙猛地一跳,又轻轻地落到了另一片荷叶上。我想,这么大这么肥的青蛙,为什么落在荷叶上,荷叶却一点没有破呢?

生:因为青蛙跨跃的本领大。

生:因为青蛙落在荷叶上很轻。

生:…………

师:青蛙跳跃的本领这么大,却能轻轻地落在荷叶上,小朋友能不能像青蛙一样用力地跳、轻轻地落呢?

生:能。

(学生分散进行青蛙跳,体会怎样落地才会轻。)

师:哪位同学愿意给大家表演一下?

师:你是怎样跳的?

生:用前脚掌先着地。

生:用脚后跟先着地。

师:同意用前脚掌先着地的站左边,同意用脚后跟先着地的站右边。(分两边站,结论不统一。)

师:大家再试一试两种着地方法,看哪种更好。

(学生分散练习两种着地方法。)

生:用脚后跟先着地更好。

师:小朋友们真聪明!老师和你们的想法一样,用脚后跟先着地,再过渡到全脚掌,这样落地又轻又稳,对吗?

生:对!

师:小朋友,我们也来进行青蛙跳荷叶的练习。这儿有个大池塘,各小组将荷叶任意放在池塘里,可跳进去、跳出来,也可学青蛙游回来。要跳得远,落得轻哦!

三、提问技能的应用

(一)提问技能的原则

1.目的性原则

提问技能的目的是为教学服务,那种脱离教学目标,纯粹为提问而提问,无计划、无目的而盲目提问的做法是不可取的。

2.有效性原则

提问的有效形式即要获得真实的信息反馈。内容的有效是指提问内容要从教学内容出发,充分考虑学生的认知水平和技能程度。提问语言的有效是指教师提问的语言表述要明白、确切,力求干净利落、恰到好处。

3.启发性原则

提问要使学生具有质疑、解疑的思维过程。因此,提问要带有启发性,要能激发学生的好奇心和求知欲,使学生积极探索、主动参与,通过设疑、解疑过程,最终使学生实现知识和能力由现有水平向未来发展水平的迁移。

4.层次性原则

提问的深度来自问题层次的高低。模式识别、知识回忆、形成联系之类的问题属于低层次的机械记忆问题。而综合理解、分析应用、评价类的总结属于高层次的认识问题。教师应根据不同层次的学生,设置不同层次的问题。提问要遵循循序渐进的原则,做到由易到难、由浅入深、层层递进。

5. 实践性原则

体育是实践性很强的一门学科。提问的主要目的是促进学生加深对动作、技术的理解。因此,体育教学中,教师提问要与身体练习实践相结合,不能破坏体育课堂结构的严密性和完整性。只有重视联系实践的提问,学生才能学得活,对知识、技能理解深刻、掌握牢固。

(二)提问技能训练的要点

1. 注意问题的设计

教学中的提问并非随意而为,它必须与教学目标紧密联系。因此,在进行提问之前,首先要设计好自己的提问,如:教学中什么地方适合提问? 提问的目的是什么? 用什么样的提问形式? 怎样表达? 学生可能怎样回答? 怎样进行评价以推动教学进程? 等等。所以,在微格训练中要先训练对问题的设计能力,这是形成提问技能的基础。

2. 注意提问与教学活动的关系

提问是教学活动的组成部分。教师不能为了提问而提问,而需要在教学目标的导向下提出问题。因此,在微格训练时,要注意学生提问时机的选择、问题的表述以及在问题的回答与评价中怎样自然地推进教学的进程。

3. 注意学生回答问题后的引导

学生对问题的回答具有不可预期性,其答案可能是正确的,也可能是错误的;可能与教学要求相一致,也可能与教学要求背道而驰。因此,在微格训练中,要训练学生对提问后的引导能力,要求学生能在各种可能的答案面前找出"引导点",通过对答案的分析、交流或随机性的插入式提问,引导学生向应有的方向进行思考,保证教学活动的流畅性和完整性。

(三)运用提问技能的注意事项

1. 确立提问意识

在进行微格教学训练时,教师首要的任务是要明确提问技能在教学过程中的重要性。指导教师通过观看优秀教师教学录像和观察教学等进行对比性研究,或让学生亲身体验提问技能在教学中的实施过程。

2.养成提问的习惯

传统教学中师生缺少交流是一个公认的事实。实验结果表明,教师在教学过程中与学生进行交流可以大大地减轻学生听课的压力,激发学生的学习动机,从而提高教学效果。

3.提问要自然流畅

某些教师在提问时语言生硬,或提问不当,甚至为提问而提问,使学生产生多此一举的感觉。

4.培养学生善于发现问题的能力

教师在训练开始时感到困难的是不知道该问什么,实际上,所有的教学内容都有值得问的地方。发现问题一是要仔细研究教学内容,选择问题内容;二是要了解学生的心理和认知水平,使问题有针对性;三是选择好问题的切入口,使问题有趣。

5.提问要事先精心设计

为了使问题表述清晰,意义连贯,提问必须事先精心设计。在设计提问时应主要考虑以下几点:突出重点、难点和关键点,增强提问的目的性和针对性,形成自然流畅的交流模式,恰当地使用提问词,正确灵活地使用导引语,准确设计问题句。

(四)提问技巧

在提问题时应考虑和运用下列技巧。

1.集中注意力

教师的提问是要求学生做应答。因此,在提问前必须集中学生的注意力。教师可通过适当延长提问的时间间隔,甚至保持一定时间的沉默,来唤起和集中学生的注意力。教师还可通过手势、音调、音量的变化等来吸引学生的注意力。

2.创造和谐的训练气氛

学生的心理因素和教学训练气氛对学生回答教师提问的态度起着重要的作用。为了创造一个轻松和谐的教学训练气氛,使学生保持良好的状态,教师应采用与学生一起思考的表情或探究的口气进行提问,而不是采用强制回答的语气和态度来进行提问。

3. 不要重复提问

一般在提出问题后不要再重复已提的问题,因为在重复问题时,往往词语上会发生微小的变化,导致与开始所提的问题意思不能保持完全一致,容易使学生的思考中断或引起思维混乱。

4. 不要自问自答

如果教师自问自答的目的不是为了承前启后或是作为引子来开始新的教学内容的话,教师最好不要自问自答。若代替学生回答,不利于培养学生独立思考问题的意识和解决问题的能力,也就失去了提问的意义。

5. 提问后要保持沉默

教师提问后应习惯于保持一定时间的沉默,有意识地给学生留出思考和组织语言回答问题的时间。

6. 有意识地指名让学生对提问进行回答

这种定向的提问必须是建立在教师仔细观察学生的基础上做出的决定,而并非随意指定任何学生。

(五)候答的策略

1. 教师必须认真听取学生的回答,并通过表情和眼神鼓励学生继续说下去。教师在听取学生回答时也可采用不同的策略:仔细地听,掌握学生回答的要点;边听边整理,将学生回答的内容进行分类;有目的地听,寻求特定的答案内容;探求地听,获得学生回答的言外之意。

2. 一般不要重复学生的回答,如果学生的回答清楚了,再重复就毫无意义,也会妨碍其他学生的思考。

3. 对学生的回答进行适当的提示和补充,特别是当学生回答不完全或出现语塞情况时采用此法较为理想。

(六)理答的处理

1. 教师对学生回答中所阐述的观点或结论要表现出浓厚的兴趣,要鼓励学生积极思索、踊跃发言。

2. 对学生的回答在取舍上要采取认真负责的态度。无论学生回答得多么不完全,甚至完全错误,都要采取建设性的评价,不要用否定性的批评,同时给出正确答案。

3. 当学生对问题的回答表达不清时,教师绝不应轻易否定学生的答案,应帮助学生补充、完善对问题的回答。

4. 教师在广泛听取学生回答的基础上,提供一种正确的解释或答案。

5. 根据学生的回答,继续追问,扩展回答的成果。

6. 对学生的回答进行总结和评价。

思考与练习

1. 简述提问技能的概念及构成要素。

2. 说说常见的提问技能类型有哪些,每种提问类型有何特点。

3. 根据《义务教育体育与健康课程标准(2022年版)》选取一节体育课,精心设置问题并进行微格训练。

第七节　身体语言表达技能

[内容提要]

身体语言是指用体态、手势、眼神、表情、举止等来表达某种意思的无声语言,是一种非语言符号的交流信息手段。它在体育教学中起着十分重要的辅助作用。身体语言表达技能是指体育教师利用身体语言对学生不同刺激的变化来吸引学生的注意,生动地传递知识和交流感情,促进学生学习的教学行为方式。本节简要阐述了身体语言表达技能的概念、特征和功能,简要介绍了其基本类型,以及身体语言表达技能训练的内容、目标、程序和评价。

一、身体语言技能概述

(一)身体语言技能的概念

教学是一个教师与学生进行交流的过程,而教学中教师的教学表达不只是语言表达,身体语言也是教师教学表达的重要组成部分,而且身体语言表达在教学过程中有时还起到十分重要的作用。尤其是在体育教学中,体育教师对教学过程的调控离不开身体语言,学生的心理状态、对所教内容的掌握情况等反馈信息可以通过学生的身体语言来传递。

身体语言又称体态语言、非言语行为、可视语言,是通过身体器官的动作或某一部分形态的变化来进行情感交流的一种形式,也就是利用人的身体动作将众多的信息输送给对方。

教师在课堂教学中应用身体语言有两层含义:一是恰当地运用好自身的身体语言;二是及时准确地识别学生的身体语言,动态调整教学方式。作为体育教师的一项专业技能而言,身体语言技能是指在教学情境中体育教师为了完成体育教学任务而有意或无意地表现出的体育教师特有的、针对学生而出现的、以服务于教学过程中的师生交往为目的的动作和行为。

(二)身体语言技能的特征

1. 直观性

身体语言之所以能够互相表达、互相传递,是因为人们的意愿、思想情感是通过举止、神态来传情达意的。直观性是人体语言区别于有声语言的主要标志,也是人体语言最本质的特征。

2. 形象性

有声语言表达的是抽象的意义,人们必须通过想象来实现对意义的理解,而身体语言是具体形象的,它可以集眼神、表情、动作于一体同时出现,表现出丰富生动的内容。形象性是身体语言的另一个重要标志。

3. 辅助性

通常情况下,身体语言与口头语言往往结合使用,身体语言在人们传情达意的过程中起到辅助作用。它的辅助功能有两个:一是可以使口头语言更加生动;二是可以使传递信息更加明确。

4. 暗示性

由于身体语言的发生与接收具有强烈的信号刺激,从某种意义上讲,身体语言具有明显的暗示性。这表明身体语言实际也是一种心理活动现象,受试者必须在心理上具有潜在的内部因素,与施事者发出的信息产生感应、共鸣,从而进行交流。

5. 连续性

身体语言的交流是连续的,它不仅连续不断地伴随着人们的语言活动,而且,当人们停止语言行为时,身体语言仍然在继续,即或者用眼睛扫视、与人面对面,或者向他人倾斜着身体、频频点头,他们的一举一动时刻都在传输给对方。

6.真实性

言语信息大部分都是有意识地发出的,而身体语言表达的信息往往是无意识或潜意识显示出来的,虚假成分较少。身体语言能够反映人的真实情感,人们可以从某人的表情、眼神、姿态等体态语中觉察出他人"言不由衷"的情况。

(三)身体语言技能的功能

在体育教学中,身体语言的作用常常是口头语言所不能代替的,如体育教师在教学时示范技术动作,能提示用力时间、运动方向、运动幅度、运动速度等。此外,教师的表情、举止还能影响学生的心理,调节学生情绪,调动其学习积极性等。具体表现在以下几个方面:

1.激发学习兴趣,保持学生的注意力

认知心理学研究证明:"人的注意力不易保持。"教学中教师通过身体语言的变化能不断地引起学生的注意,激发学生的学习兴趣,使学生在原有的基础上产生更高水平的求知欲,促使他们保持对教学活动的注意力。

2.帮助组织教学,提高教学效果

在课堂教学中,学生对教学信息的接收,主要通过两种渠道:一是语言听觉器官,二是语言视觉器官。语言听觉器官的职能是感知和理解教师的有声语言,语言视觉器官的职能主要是感知教师的身体语言。课堂教学时,只有这两条渠道都保持畅通,才能取得良好的教学效果。

3.强化传递信息,突出教学重点

美国心理学家梅拉宾(1968年)通过实验提出了人接收信息的效果公式:信息的总效果=7%的文字+38%的音调+55%的人体动作、面部表情。从公式中我们可以清楚地看出,教师的身体语言对于学生接收信息具有十分重要的强化作用。

紧紧抓住教材中的重点和难点进行教学,是课堂教学对教师最基本的要求。当教师讲到重点、难点之处,配合必要的手势、动作或慷慨激昂的情绪,就能吸引学生的注意,加深学生对动作的理解,使学生对重点、难点有一个深刻的印象。

4.增进师生感情,激发学习情绪

教师在课堂上合理地运用身体语言,不仅能有效地掌握课堂教学的主动权,调控交流过程,增进师生感情,更重要的是能使学生在教师的影响下情绪饱满、心情舒畅地进行学习,充分发挥出学习的积极性和主动性。当学生做练习或者回答教师的提问时,他们的心里急切想听到教师对自己的评价,这时教师如能亲切、赞许地点点头,或面带善意地注视着学生回答问题,然后面带微笑地肯定或纠正学生的回答,这无疑会给学生以鼓舞和安慰,也必然会增进师生之间的了解和感情。

5. 活跃课堂气氛,调动练习的积极性

教师运用变化的语言,形象的手势、神态,组织学生积极参与教学活动,利用多变的技巧调整学习节奏和强度,这样既活跃了课堂气氛,使课堂教学生动活泼,又为学生创造一个良好的学习环境。学生在愉悦的气氛中学习,能够有效提高学习效果。

6. 教育作用

教师的身教反映在许多方面,而身体语言的教学行为是身教的一个重要方面。特别是体育教师的情感、态度、手势、站立姿势,甚至服装、发式等对学生都有潜移默化的教育作用。

二、身体语言技能的类型

关于身体语言的分类,目前说法不尽一致。有人认为,它包括姿势、手势和面部表情;有人则说,它包括举止、表情、手势、眼神;还有的人认为,除此以外,还应包括距离和服饰等。根据体育课教学特点,体育教师的身体语言有以下几种:

(一)面部表情

面部表情是指通过眼部肌肉、颜面肌肉和口部肌肉的变化来表现各种情绪状态。心理学家指出,一个人的面部能做出大约两万多种不同的表情。人们通过面部肌肉的变化、五官在一定程度上的相对位移和面部色彩的变化,展示出喜、怒、哀、乐、惧、恶、燥、狂等各种情感。凡有丰富经验的教师,都善于利用面部表情的变化在教学中表达自己的情感。学生心情愉快,思维敏捷,技术技能接受快,反过来又会对教师产生积极的影响,这样教学目标的达成度就高。

案例一:

一位教师在给学生上跨栏跑课时,把栏高升为 1.067 米,栏间距设为 9.14 米,教师轻松地跨过几个栏架后回到学生面前,却发现学生满脸茫然,不知所措。教师由学生的面部表情得知,自己的示范动作超越了学生的能力,使学生感到高不可攀,从而失去了完成动作的信心,甚至是畏惧摆在面前的栏架。这时候教师应马上降低栏高,缩短栏距,并重新示范一次,这样才能使学生练习得以顺利进行。由此可知,体育教师如具备人体语言的知识,就能及时发现学生的心理动态,并对其进行正确的诱导,从而最大限度地发挥学生的积极性。

(二)眼神

眼神即眼睛的神态。从一个人眼睛瞳孔的大小、亮度的明暗、视角的俯仰、注视的时间与变化的快慢等,都可以看出他内心的疑问、好恶,及态度的赞成与否。师生间眼神的交流,是师生间最能传神的心灵沟通。所以体育教师在课堂上用好眼神交流,对于辅助教学语言、提高教学效果至关重要。从视线交流的角度看,主要表现为环视、正视、仰视、俯视、斜视、点视;从视线距离和强度变化看,主要表现为直视、注视(视线放长,眼神力度加大)、蔑视、虚视(视线放长,眼神力度和饱和度削弱)、逼视(视线切近,眼睛放亮)、探视(视线切近,眼神柔和)。

案例二:

在一节学习篮球三步上篮技术课上,当要求同学们开始自己练习阶段,教师适时地将目光停留在每位完成练习的同学身上,对按照技术要求完成练习的同学来说,体育教师的目光就是对他们的一种肯定;而对不认真的同学来说,教师的目光则是一种警告的信号。在教学中教师要善于运用眼神交流手段,一方面能透过学生的眼睛,洞察其内心世界,了解学生是在认真思考还是心不在焉;另一方面,教师还要会利用自己的眼睛,对学生进行课堂控制。

(三)手势

手势是教师的"第二语言",是指手指、手掌、拳头、胳膊的综合运用。它以众多的不同造型,描摹事物的复杂状貌,传递着教师的潜在心声,展示了教师心灵深处的微妙情感。相比眼神语言,手势是更有力、更直接地表达人的情感和欲望的手段。适时适度地运用手势,能使学生引起注意、提高兴趣、振奋精神,有提示和辅助讲解的作用。手势的种类按其功能可分为四类:第一是象形手势;第二是象征手势;第三是指示手势;第四是情意手势。而按手势的动作有单式与复式之分,一只手做的叫单式,双手共做的叫复式,复式比单式的力度大,更富有气势。课堂教学的手势多用单式。

案例三：

在一节篮球行进间运球课上，为了提高学生的快速反应能力，教师要求学生在采用单手运球的同时观察教师的手势，随着教师的手势而左右移动运球。为了提高学生做动作的频率和活跃课堂气氛，以及制止不良行为的延续，教师采用击掌来代替哨音和口令。这样恰当地运用手势，可以消除体育课上一直由教师讲解与示范、学生自己单独练的乏味感。运用手势还可消除因噪声影响语言效果的不良因素。手势是配合教师讲解教材内容的模拟性动作或想象性动作。体育教师运用这些生动的手势来吸引学生的注意力，提高教学效果。

（四）身体姿态

姿态是指教师在教学活动中通过自己的躯干和四肢动作来传达或辅助传达与教学内容相关信息的活动，主要包括站立姿势和身体移动。站立姿势在教学中并没有特殊的意义，但在教学活动中，教师不同的站立姿势会给学生带来不同的感受。体育教师端正的体姿、矫健的步伐，无形中会增加体育课的吸引力和知识的可信度，使学生保持长久的注意力。

身体移动是指教师在教学过程中身体位置的变化。教师在课堂上的移动主要表现在两个方面：一是在讲解或示范时，教师要适当地变换讲解、示范的位置以及示范的角度，使学生达到最佳的视听效果；二是在学生练习过程中，教师在学生中间来回走动，这样有利于师生间情感的交流，也有利于教师发现问题，同时还有利于教师个别辅导，督促学生完成学习任务。

案例四：

如果一位体育教师在上课的时候体态不端，那么无论这位教师上课有多认真，学生都会感觉这样的课不怎么正式，也就很难认真听课了。中学体育教师的授课任务重，有的教师可能一天有好几节体育课要上，每节课都站40分钟，还要完成教学任务，疲劳在所难免，所以体育教师的适应性动作可能会比较多，表现得也比较明显，这就要求体育教师要尽量避免在学生面前出现那些可能会对学生产生消极影响的动作。比如：体育教师切不可在上课时双手叉腰或双手交叉置于胸前来讲课，这会让学生觉得老师上课漫不经心；站立的时候也不能两脚一前一后，重心放在一只脚上，这会让学生认为老师非常懒散或疲惫不堪。总之，体育教师的姿势在运用时要自然、和谐、适度。

（五）仪表

仪表指的是一个人的整体外表。它构成人的具体形象。仪表反映一个人的气质和性格特点,教师给学生的第一印象就是仪表。在大多数的教学情境中,它虽然不直接传达与教学内容相关的信息,却是影响教学活动和教学效果的一个潜在的、不可忽视的因素。

案例五:

一位体育教师一开始上课,学生立刻就活跃起来。有的学生看着老师嘻嘻笑,有的交头接耳、窃窃私语。原来老师衣服的扣子扣错了,长短不齐。教师的仪表从某种意义上反映教师的个性,体育教师的仪表尤其会引起学生的注意,且影响着学生学习的积极性。它是无声的教育,直接影响着学生的情绪和教学效果。

(六)界域

界域又称空间距离,指人体本身的物质形体存在于他人的交际范围以内(即可面对面地直接与之交际),同时又以他人感知(如视、听、触、嗅等)可能性的实现为基础,否则便无所谓直接交际。

案例六:

体育课上,在课的开始部分,教师距学生较远,使学生感到一种严肃紧张的气氛,起到无形中提醒其注意力集中的作用。在课的中间部分,为了加强教学效果,需要设法"接近",缩短与学生的距离,以便顺畅地沟通,进行面对面的信息交流。一位善于讲课的教师如同一位好演员,讲课要有动作与表情,隔一段时间就要变换一个位置,在学生队伍中或学生练习的周围走动几次,帮助和指导学生改正错误动作。

三、身体语言技能的训练

(一)身体语言技能训练的内容

1. 身体姿态变化训练

(1)教师站姿练习

站立时,身要正,脚要稳,挺胸收腹。站立姿态潇洒、干练、端庄、自然。

(2)体育教师行姿练习

教师行走的步履要稳健、轻盈,无仓促、摇晃、拖沓现象。

2. 手势动作训练

重点训练示范与讲解技能相结合的手势技能的用法。

3.面部表情技能的训练

重点训练微笑技能,面部表情亲切、自然大方。

4.眼神技能的训练

重点训练环视、注视技能,要求视线放长,眼睛炯炯有神,正视学生。

5.仪表技能的训练

要求教师外表修饰端庄、美观、协调、整洁,富有生气和个人风格。

(二)身体语言技能训练的要求

身体语言的运用要符合社会习惯,适合学生的接受能力。其定位是作为有声语言的补充,起辅助作用。在运用人体语言技能时要注意以下几点要求。

1.身体语言与口头语言的表达要紧密结合

在体育教学中,身体语言是对口头语言表达的一种补充。在教学中身体语言用的量和度都要根据授课内容的表达需要来决定,并且与语言表达紧密结合,相互补充,不可本末倒置。

2.身体语言的运用要规范

规范是指体育教师运用的身体语言必须准确、得体、明了,符合体育课堂教学环境的要求。一是教师的仪表。教师的仪表对课堂教学有着很大影响,教师上课时学生首先注意到的就是教师的仪表。体育教师端庄大方,精神焕发,衣着整洁,修饰适度,必定会对学生产生潜移默化的作用。二是教师的面部表情。体育教师的愉快、低落、烦闷、忧愁等心情往往不自觉地通过无意识的表情表达出来,这是人之常情。如果体育教师把在生活上遇到的挫折或者令人失意的事情带入课堂,会给课堂效果带来负面效应,所以,教师应当努力控制自己的情绪。

3.身体语言的运用要适量

适量是指身体语言要繁简适度。教师在课堂上运用身体语言时,不仅在种类上要有所选择,在程度上也必须有所控制,应做到恰当、简洁。要防止同一时刻运用身体语言的次数过多,种类变化过于频繁,不能突出重点,影响教师信息传递的精确性,加大教学难度;太少则显得死板,缺少生气和感染力。

4.身体语言的运用要有的放矢

在体育教学中,对于同一教师的身体语言,不同的学生,甚至同一学生在不同的情景下的理解都有可能不一样。因此,体育教学中教师要从学生的实际情况、个体差异出发,适应当时课堂气氛、教学情境、具体的运动项目,有的放矢地使用不同形式、不同程度的身体语言,做到区别对待,因材施教。

(三)身体语言技能训练的目标

1. 理解身体语言技能的概念与功能,掌握身体语言技能的类型、应用要求等理论知识。

2. 掌握体育教师教学中的正确站立姿势。

3. 讲解时能较熟练地应用手势技能。

4. 能利用眼神变化管理学生。

5. 能根据教学内容和中学生的特点,合理地运用身体语言技能。

6. 了解体育教师外表修饰的要求。

7. 能按训练要求编写身体语言技能的微格教学训练教案。

思考与练习

1. 简述体育教学中身体语言技能的基本功能。

2. 身体语言技能有哪些类型?请结合实际教学举出 2～3 例。

3. 运用身体语言时应该注意的事项有哪些?

第八节 诊断纠正错误技能

[内容提要]

诊断纠正错误是促使学生的学习过程向最佳化学习目标靠近的必由之路,在学生动作技能形成过程中起着重要作用。它是体育教学的基本教学方法,是体育教师应掌握的一项重要教学技能。本节简要阐述了诊断纠正错误技能的概念、特征、功能和构成要素,介绍了诊断纠正错误技能的 6 种基本类型,明确了运用诊断纠正错误技能的基本要求,概括了诊断纠正错误技能的训练内容、目标、原则、注意事项。

一、诊断纠正错误技能概述

（一）诊断纠正错误技能的概念

诊断是指教师在教学中观察学生的动作，判断学生动作技能的掌握程度，是一种教育学观察的方法。纠正错误是指教师对教学中学生出现的错误动作采取有效的措施，及时准确地进行指导纠正。

诊断纠正错误技能是指体育教师根据学生实际练习情况，经过观察、分析和判断，及时发现问题，指出不足，进行评价，帮助改进，促进学生尽快掌握正确技术的教学行为方式。

在体育教学中，学生在刚学习技术动作的时候容易形成错误或不规范动作，教师如果能在第一时间对学生的错误动作做出判断，并加以纠正，就可以避免学生形成错误动作的定型，进而使学生正确地掌握和提高技术、技能，同时也避免了错误动作可能引起的伤害。

（二）诊断纠正错误技能的特征

1. 可预见性

诊断纠正错误技能具有可预见性，主要表现在教师在选择教学内容的时候，就应能预见该技能学习中可能出现的错误动作及问题，并能分析错误动作出现的原因，以此为基础采取一系列的解决方法。诊断纠正错误技能的超前性要求教师自身要对教材理解十分透彻，熟练掌握技术动作，清楚动作技术的形成过程，在学生掌握动作的过程中能够主动地、深入地预见学生可能出现的障碍和错误。

2. 改造性

诊断纠正错误技能具有改造性，主要表现在教师对学生学习动作过程中所出现的错误采取有效的措施，能够及时、准确地加以纠正。

3. 即时性

诊断纠正错误技能的即时性，主要表现在教师在发现学生出现错误动作的第一时间就应该指出并加以纠正。在体育教学过程中，教师要及时诊断学生出现的错误并找出原因，根据学生的实际情况，在学生技术动作还未形成自动化之前，及时有效地采取有针对性的纠错手段，建立正确的动作定型，对提高教学效果有着重要的意义。

4.针对性

诊断纠正错误技能的针对性是指针对错误动作而进行纠正。教师在纠正错误动作的时候及时诊断出学生的错误动作,并能在有效的时机恰到好处地针对重点进行纠正,而不是所有动作统一讲解,避免浪费学生练习的时间。教师要有的放矢,争取达到最好的效果。

5.时空性

诊断与纠错是有机联系的,诊断是基础,纠错是实施,它们在时空上是紧密联系的,对一个动作的诊断预防,很可能是另一个东西的纠错手段,而对前一个动作环节的纠错,无疑是为下一个动作环节的正确形成奠定基础。

(三)诊断纠正错误技能的功能

1.帮助学生建立正确的动作概念,掌握运动技能,提高教学质量

体育课的技能教学就是教师帮助学生掌握技能,指导学生改正错误,形成正确动作的过程。教师在教授完技术动作后指导学生练习,能够及时诊断出学生的错误动作,进而针对错误动作进行讲解并做出正确的示范,使学生认识和理解动作的形态、结构和动作方向、幅度、力量、速度等特点,建立动作的正确表象。学生掌握了正确的动作方法,可以有效地提高身体素质,提高协调能力和运动技术水平,避免错误动作的定型,从而大大提高体育教学质量。

2.帮助学生克服困难,增强信心

当学生学习某项技术动作产生错误、遇到困难时,往往会出现两种情况:一种是学生坚持不懈,克服困难;另一种则是学生练习积极性降低。所以,教师帮助学生改正错误动作的过程,就是学生克服困难、战胜自我、树立信心的过程。学生在教师的指导下,能够通过自己的努力,改正错误,掌握动作技能,心理上会得到满足和愉悦,从而增加了练习的积极性。

3.减少课堂伤害事故的发生

预防、控制或减少课堂偶发事件(特别是伤害事故)的发生,是每一位体育教师的重要职责。在教学中时常有伤害事故的发生,其原因是多方面的。除组织管理不当外,学生练习技术动作时存在着错误,也是产生课堂伤害事故的原因。由于没有掌握正确技术,在这种情况下进行练习,往往出现伤害事故,受伤的机会加大。而教师及时地纠正学生的错误技能,就能有效地减少由此而引起的伤害事故。

二、诊断纠正错误技能的构成要素

诊断纠正错误技能的要素主要包括观察并诊断错误动作、分析错误动作产生的原因、选择纠正方法三个要素。

（一）观察并诊断错误动作

观察是纠正错误动作技能的最基本的要素，是纠正错误动作技能的前提和关键。因此，观察时力求全面客观，要以正确技术动作规范、要点为基础，对照学生完成情况，找出动作方向、幅度、节奏、协调性和准确性等方面的差异，尤其在做基本练习时，更应注意产生错误的征兆，稍有偏离正确技术的动作都要及时纠正，将错误因素纠正于"萌芽之中"。

（二）分析错误动作产生的原因

分析错误动作产生的原因是纠正错误技能的重要因素，它以观察为基础。在教学中，教师如果想要掌握诊断纠正错误技能，除了自己具备过硬的专业知识技能外，还需要了解错误动作产生的原因，针对学生所犯错误，灵活运用纠错方法。我们经常看到，一个错误动作的产生往往掺杂着几种错误因素，起决定作用的因素有时会被其他因素所掩盖。这时，要注意区别主要技术环节与一般技术环节，主要技术环节是动作的关键，而关键环节上的错误因素往往是形成错误的主要因素。为了能够更好地掌握并运用诊断纠正错误动作这一技能，我们首先要分析错误动作产生的原因，一般教学方面的原因有教师和学生两个方面：

1. 教师方面的原因

（1）教材设计引起的错误动作

由于教师对教材钻研不透、理解不深，对教材的安排和教法的选择与学生的接受能力差距过大导致较大范围的错误动作的产生。教师安排教学内容不合理，没能充分考虑到动作技能的干扰和迁移规律，也会导致错误动作的产生。如急行跳远与支撑跳跃就不宜安排在同一节课，否则，会相互干扰而产生错误动作。

案例一：

技巧动作的前滚翻和鱼跃前滚翻，动作结构相近，但必须让学生明确两者的区别，前滚翻手脚可以同时触垫，翻滚时团身，因此没有腾空；鱼跃前滚翻要双脚蹬离地面而后手才能撑垫，所以有一个手脚都不撑地的腾空阶段。同时在教学安排上,学习前滚翻在前,在该技能基本掌握的基础上,再学习鱼跃前滚翻。

(2)教师教法不正确引起的错误动作

教师传授某一个动作,会采取不同的教学方法,不同的教学方法会产生不同的教学效果。如果教师选取不正当的教学方法,手段不当,组织方法不合理,都会造成学生在学习动作技能时出现错误。

案例二:

某次排球课上,教师教授初一年级女生学习下手发球,在讲解下手发球后,就让学生站在排球端线上进行下手发球的完整练习。很多同学因为初学动作,面对网远又高的情况,为了能够发球过网而过分用力,反而导致动作技术的变形与错误。这个案例中,学生所犯错误正是因为教师没有充分考虑学生的实际情况(女生初学、力量小、技能差),就采用完整法进行教学。学生会为了追求过网而出现错误动作,而且在发球未过网后,更会引起挫折感和失败感,导致学习动作的消极情绪产生。

(3)教师自身动作不正确引起的错误动作

教师自身在示范时,因为某些细节不注意或者自身基本功不扎实,而学生主要以模仿为主,自我辨别能力差,从而导致学生错误动作的产生。体育教师在讲解与示范时因为表达或者示范不准确,传授了错误的知识概念和错误的动作,或在教学中抓不住重点、难点,造成学生理解上的错误,这些因素都会导致学生在练习中出现错误动作。这些错误往往出现在大多数学生中,对教学的危害性也最大。

(4)教师组织教学手段不当

一方面,教师由于没有钻研吃透教材,对动作技术结构不明,重点、难点不清,致使组织教法安排不合理,就容易产生错误动作;另一方面,由于教师对场地、器材布置中安全措施考虑不周到,不符合教学内容的要求或不符合学生年龄阶段特点的要求,器械安装不牢固,器械太重,安全措施不到位,或没有相应的保护措施等,都容易造成学生紧张,从而产生错误动作。

2.学生方面的原因

(1)学生身体素质差导致的错误动作

学生在学习新动作时,肌肉运动感觉不完善,表现得不敏锐、不定型,导致大脑中枢神经系统分析活动的缺陷,即不能准确地分辨出身体各部分的位置和动作,知觉系统与运动系统在时间、空间上配合不协调,因此不能准确地控制自己的肌肉,做出不合要领以至错误的动作。学生的身体素质是正确掌握运动技能的基础,人体在运动中通过肌肉收缩、伸展的相互协调配合来完成每一个动作。

学生在完成动作时,如果力量、柔韧、灵活、平衡等身体素质达不到所需的要求,那么在做动作时会感觉吃力、不协调,一些多余动作或错误动作难免会发生。如腰腹肌力量差,头手倒立等相应动作就无法完成;耐力不足,就会产生动作节律失调、用力不充分等错误动作;力量不足,就会导致动作速度、幅度不够等错误;关节不灵活就会影响动作的舒展、摆动等。因此,学生的身体素质因素直接影响动作掌握与完成的质量。

(2)学生畏惧、紧张等心理原因导致的错误动作

由于所学动作难度大、运动量大而产生畏惧、怕苦等情绪,又或者由于学生对所学的内容缺乏明确的目的性,练习时积极性不高,态度不认真,这些心理上的障碍引起对抗肌的紧张,产生相互抑制,容易出现错误动作或多余动作。另外,外界环境的影响也可能对动作技术的学习产生干扰。还有的学生单纯凭个人的感觉去理解,会使得练习者心理指向出现失误,导致错误动作。如:短跑练习中的强制用力造成全身紧张,速度反而下降;栏间跑的有意加速导致跑的节奏被破坏;跳跃起跳时有意加力蹬伸导致身体重心下降,起跳时间延长;投掷器械时为了加快出手速度,手臂提前主动用力导致许多错误出现。可见,在教学中产生的不良心理因素是多方面的。

(3)学生动作技能的转移引起的错误动作

动作技能的转移有两种情况:一种是积极的转移,即迁移;一种是消极的转移,即干扰。在体育教学中,学生在学习和掌握动作技能的时候,经常受到已形成的技能的影响,这就是动作技能的转移。有些学生对自己的错误动作,开始是感觉不出来的,还有一些学生往往把做错了的动作当作正确的动作来做。如果这样继续下去,不断强化,那么这一错误动作就会产生动作定型。众所周知,出现错误是难免的,特别是动作技能形成的最初阶段,一个由若干个局部动作联合起来组合的复杂动作,必然会出现各局部动作之间的干扰现象及多余的动作,从而形成动作技能的错误定型。

（三）选择纠正方法

纠正错误动作的方法一般有：

1. 让学生及时了解练习的结果,明确错误动作及其产生原因,减少练习的盲目性。

2. 根据动作技能形成规律来纠正学生的错误动作。

3. 根据错误动作的特点及形成原因,进行被动性帮助与纠正。

4. 根据个体差异来确定纠正的形式。

恰当地选择纠正错误动作的教学手段,能有效地纠正学生的错误动作,及早建立正确的动作定型。在选择手段和方法时,要注意根据错误动作的类型、程度和练习者的实际情况来确定,同一类错误动作产生的原因大体上相同,但发生在不同人的身上,用同一纠正方法就不一定有效,因为个体的差异有时会显示出很强的"个性"来。这就要求具体问题具体分析,考虑要全面,针对性要强,实际效果要好。

三、诊断纠正错误技能的类型

在体育教学中,诊断纠正错误技能的运用是与教学过程紧密相连的,因此教师必须采取有效的方法来纠正错误动作。教学过程中纠正错误的类型多种多样,方法也不尽相同,根据教师提供纠正错误时反馈信息的性质、形式、内容和时间等的不同,可以分为以下类型与方法。

（一）语言巩固类

语言巩固是指当学生因遗忘动作或对动作要领不清楚而出现错误时,教师多采用语言强调法,即教师通过进一步讲解动作要领,强调动作要点,从而加深学生对动作概念的理解与记忆,帮助学生建立正确的动作概念。

语言巩固类有以下几种形式：

1. 概念强化

当学生在学习过程中因概念不清晰或接受能力不足等原因而出现错误动作时,教师要耐心细致地加以示范和讲解,在示范的基础上讲清动作要领,剖析动作过程,强化正确动作的概念。

教师在指出学生错误动作的时候,要指出问题所在,有针对性地进行讲解示范,此时的讲解并非如学生初学时的那种全面讲解。讲解示范后可让学生跟随模仿,教师边做边用提示性的语言加以强化。此法使学生能从理论上了解正确动作,加深对动作概念的理解与记忆,帮助学生建立正确的动作概念。

案例三:

在一堂排球课上,教学内容为排球传球动作。教师在讲解并示范传球动作后,让学生练习,发现大部分学生存在传球中的常见错误——手形不正确,大拇指朝前,食指太直,推球和拍打球。此时产生错误动作的原因是新接触该动作,对正确的手形缺乏明确的概念,对技术未准确理解,也有可能是示范、讲解不清晰。针对此错误,教师应集合学生重新讲解传球的手形并进行示范,要求学生多做传球的模仿练习:用传球的手形接住抛来的球,再自传出去看自己的手形,站在墙前,连续对墙轻轻传球,边传边看手形。同时,教师在学生练习时不断巡回指导强调:传球时要用拇、食、中三个手指传球,要求大拇指朝着自己的鼻尖。这种纠错方法即教师先讲解动作概念,并在练习中不断用语言加以强化。

2. 语言引导

在动作学习的初期阶段,学生常在练习中出现遗忘或不太清楚动作方法的现象,此时教师可以采用语言提示动作名称、动作技术要点来引导学生做动作,帮助与指导学生顺利完成动作,及时纠正错误。

案例四:

在学习初级长拳"马步冲拳"这一动作时,学生常常错误地做成"马步架拳",做马步时,臀部易向上翘起,教师此时可提示"左拳附于腰间""臀部内收"等。及时的语言提示对于学生学习、领悟动作能起到绝佳的效果。在学习跨越式跳高中的助跑时,教师可用语言与击掌"嗒——嗒嗒——嗒、嗒"相结合的方式来纠正学生的错误。

3. 口诀强化

口诀是指把运动项目的技术(战术)要领和方法经过综合提炼,取其重点、关键以及易错部分,加工整理而成的言简意赅的语言。口诀运用于纠错之中,较准确地认定错误动作在整套动作中的位置,能强化记忆正确动作,剔除错误动作。

案例五:

在篮球行进间上篮的动作学习中,出现错误的脚步动作时,根据口诀"一大、二小、三高跳"来确定问题的症结,并进行重点环节的强化练习,这样的纠错就会变得游刃有余。

（二）直观演示纠错类

直观演示纠错是指教师在学生出现错误动作的时候,通过示范展示各种实物、直观教具、多媒体等手段,让学生通过观察建立正确动作的表象,并帮助学生纠正错误动作的方法。

1. 正误动作对比法

为了使学生对正确和错误动作有一个清楚的认识,教师可采用正误动作对比分析,指出正确与错误动作的差异之处,并帮助学生分析其产生原因,提出纠正方法。

案例六：

在背越式跳高学习中,腾空过杆阶段学生容易出现坐臀过杆、侧身过杆等错误动作。此时教师可以采用重点示范错误动作,指出学生在过杆时应注意的问题,帮助学生认识自己的错误,再通过正确与错误动作对比分析,就会达到纠正错误的目的。

2. 教具演示纠错

教师在教学中组织学生观看图片、视频等进行直观教学,利用具体直接的形象刺激,有助于学生对动作产生清晰的认识,建立正确的动作概念。

案例七：

在双手前抛实心球的教学中,授课教师准备正误两套挂图,在学生练习一段时间后,指导学生纠正错误动作的时候,展示两幅挂图让学生观察比较、讨论评价,通过挂图辨别出手角度、背弓弧度(工作距离)和出手的高度,总结出合理的出手角度、适当的背弓和尽可能高的高度对投掷远度的影响。这样能更好地加深学生对正确动作的理解,有助于提高教学效果。

（三）诱导迁移类

教师根据迁移理论知识,运用一些诱导性练习,结合正确与错误动作的对比,帮助学生逐渐地纠正错误动作。

1. 心理诱导

学生因学习目标不明确或对正在学习的技术动作不感兴趣等而产生的错误动作,教师要有针对性地加强思想教育,不断提高学生的自主性,利用一些诱导性的练习内容,帮助学生改变形成的错误动作以完成正确动作。

案例八:

山羊分腿腾越课上因紧张胆小不敢跳,勉强为之导致动作变形

纠正方法:选择这套教材的目的之一就是培养学生敢于向困难挑战的精神,而不少学生对于支撑跳跃项目表现出害怕心理,特别是少数女生。在上器械练习时,教师选择让勇敢的学生先跳,那些胆小的学生看到前面的同学轻松跳过,心理上的障碍也就减少了一些。然后针对少数同学加强鼓励和引导,并让已经跳过的同学给他们传授经验,让他们知道眼前的"山羊"并不是不可逾越的,只是因为自我心理上的畏惧而已。在轮到一些胆小的学生练习时教师亲自进行重点保护,并不断鼓励,学生上器械练习后给予鼓励并表扬,让他们在产生成功感后能够一鼓作气把动作学会、学好。

2. 条件诱导

学生通过对所设标志物和人体在空间的方向、位置关系的判断,按照动作技术的要求来控制身体动作,及时纠正错误动作。

案例九:

投掷动作学习中的错误动作:出手角度低

纠正方法:在投掷动作学习中,为了让学生能掌握好投掷物出手时的角度,可在投掷物前面设一定高度的标志物(橡皮筋、竹竿等),要求投掷物出手后从标志物上方越过,经过反复练习即可纠正出手角度低的错误。

(四)反思纠错类

当学生出现错误动作时,教师要引导学生学会观察(观察自己和观察同学),争取让学生在学习动作后能进行反思并发现自己与同学的错误动作,自我纠正错误动作以及帮助同学纠正错误动作。

1. 自我纠错

教师引导学生主动参与交流,对错误动作质疑,让学生自己纠正错误。这样让学生第一时间认识自己的错误,帮助学生对体育形成良好的认知,并能增强对错误动作的认识。

2. 同学纠错

学生能通过讨论、争论、评议和质疑等过程,形成互帮互助、共同提高的良好氛围,不断地发现错误与改正错误,并能以同伴的错误提醒自己,进行自身反思。

案例十:

在健美操学习中,进行分组展示,每组展示的时候其他同学仔细观察他们的不足,告诉同学并帮助同学纠错,这样起到了一举两得、事半功倍的作用。

(五)改变外界条件类

在不改变动作结构的情况下,让学生在降低动作难度、减少外部难度、保护与帮助等学习环境、练习条件中体会完整动作,以纠正错误动作。

1. 降低动作难度

在学习难度大的复杂动作时,教师针对学生容易出现的错误,通过改变拆分或简化动作的某些要素(如速度、力量、方向、幅度、路线等),将学生注意力集中在需要纠正的问题上。

案例十一:

双杠的后摆交叉转体成坐杠,有些学生后摆时半径不拉长,怕交叉落杠时打腿,就急于提臀,过早交叉转体,从而导致动作失败或变形。因此,在学习动作技能时,要以"综合—分析—综合"的认识路线为依据,把整体动作分解成几个部分,使学生分化感知动作的各个细微环节,这样在完成动作时,能有意识地控制组成动作的要素,防止动作环节不精确而造成动作错误。

2. 减少外部难度

器械难度、投掷物体积与重量等虽属外部条件,但它们都是学生在学习中引起心理障碍的因素。教学中可适当地采取措施(如用橡皮筋代替栏架、降低高度等)以纠正错误动作。反过来讲,我们可以适当增加外部难度。

案例十二:

跨栏教学中,可用降低栏高或用橡皮筋代替栏板等减少学生的紧张畏惧心理,从而帮助学生改正错误动作。

3. 保护与帮助

由于学生怕危险而做不好动作时,教师可采用一些保护与帮助的方法来消除他们的心理障碍,让学生很放心地体会动作要领,逐步纠正错误动作。反之,我们可以设置一些条件,促使学生在这样的环境中不得不改正错误动作。

案例十三:

在侧手翻动作学习中,可以让学生沿墙练习,迫使其向后上方踢腿和打开髋关节,纠正练习中前冲、塌腰、收髋的错误动作。

(六)区别对待类

教师要根据学生的年龄、性别、出现错误动作的性质与特点(共性的、个别的、单一的、多个的错误等),采用区别对待的纠错方法。

1.集体纠错

在教学中,绝大多数学生都有错误,教师采用集体纠正的方法,以节省学生的练习时间和教师纠正错误的时间。

2.个别纠错

首先,属于个别的、特殊的错误,不是学生都有的错误,教师应有针对性地进行纠正,以节省其他学生练习的时间。然后,根据学生的生理、心理特点,既要保护学生自尊,又要启发引导学生分析错误动作,适时纠错。在面对几个错误动作同时出现时,为防止学生混淆,要逐个指出并纠正。

四、诊断纠正错误技能的运用

(一)诊断纠正错误技能的训练内容

1.反复观看优秀运动员的技术动作录像。

2.学习中学体育教材中各项运动技能教学中的易犯错误及纠正方法。

3.观察同学动作,复述动作过程,指出完成动作的优缺点。

4.选择某一技能项目,练习语言反馈纠正、动作反馈纠正法。

5.选择某一技能项目,设计暗示语,进行心理念动法练习。

6.在广播操、武术等项目教学中,利用同步反馈纠错法进行纠错练习。

(二)运用诊断纠正错误技能的基本要求

1.钻研教材,提高示范能力

教师必须认真钻研教材,熟悉各项技术动作过程、动作结构、技术重点和难点,建立正确的动作概念,掌握正确的动作标准,了解教学中易犯错误,不断提高示范能力。正确优美的示范和形象生动的讲解能通过学生各种感觉器官的相互作用,激发学生学习的兴趣。

2.认真备课,精选教学方法

教师在备课的过程中,预测教学中学生可能会出现的各种错误,并根据教材特点和学生实际设计一套行之有效的诱导性练习和专门性练习,精选教学方法,从而减少因教学方法使用不当而出现的错误。

3. 加强教育,精心组织管理

教师要经常对学生进行教育,要调动学生的学习热情,让学生保持积极的学习态度,树立不怕吃苦、不怕困难、做到最好的决心;同时要精心组织管理,通过一系列有效措施,建立良好的教学秩序、和谐的教学环境,消除影响学生学习的心理因素,使学生在一种良好的心境中顺利地学习和掌握动作。

4. 善于观察,勤于思考

教师要善于观察,注意选择观察的位置、观察的时机、观察的部位,不断提高自身的观察力、记忆力、表象再现能力和逻辑分析归纳能力。教师的诊断要及时、准确,要综合分析学生产生错误动作的原因,切忌就事论事,不要只从技术教学的角度去重新安排练习,而应针对错误产生的原因选择合理的改正方法。

5. 综合分析原因,抓住主要矛盾

教学中学生出现错误动作时必须首先抓住主要方面,因为主要的错误往往总是相对于构成动作的某些环节而言,它在很大程度上直接关系到完成动作的成功与失败。一旦找出形成错误动作的原因,应及时纠正,特别是对一些主要错误和共性错误,教师应立刻停止学生练习,进行集体纠正。

6. 掌握科学方法,提高纠错反馈信息的接收率

纠正错误动作的方法有多种,每一种方法都有不同的作用,教师一定要在综合分析错误动作产生原因的基础上,合理地运用不同的纠错方法,做到有的放矢,对症下药。太直接的方法会打击学生的自尊心,太委婉的方法学生不能很快地理解,所以要处理好纠错反馈信息的数量和强度,把握好纠错反馈信息的时机,从而提高学生对纠错反馈信息的接受率。

(三)诊断纠正错误技能的训练目标

1. 理解诊断纠正错误技能的概念和功能,掌握诊断纠正错误技能的构成要素和基本要求。

2. 熟练掌握中学体育教材中各项运动技能教学中的易犯错误及纠正方法。

3. 熟练掌握语言、动作、条件纠错技能的基本方法。

4. 能初步诊断他人所做动作的错误,评价其优劣。

5. 编写一份诊断纠正错误技能的微格教学教案,进行微格教学实践。

6. 通过实际训练,熟练掌握中学体育教材内容中的诊断纠正错误技能。

（四）诊断纠正错误技能的运用原则

1. 全程性原则

诊断纠正错误是贯穿于整个教学过程中的,错误不是一次纠正就能改正的,教师在学生练习中要自始至终观察学生的动作,并时时指出错误并改正。

2. 及时性原则

对于错误动作的不确定与错误动作出现时间的不确定,错误动作出现阶段的不确定,教师应时刻注意观察并发现错误动作。

3. 重点强化原则

错误动作的纠正需要经过反复的练习,重点强化练习。

4. 相似动作区别对待原则

在教学内容的安排上,对动作结构相似或相近的技能,应避免同时组织教学,防止由于记忆表象的作用而引起动作间的相互干扰。最好在前一个动作技能已经熟练、牢固的基础上再学习另一个动作技能,要通过比较,找出两个动作不同性质的特点,严格把它们区别开来,防止形成动作技能的相互干扰。

5. 化繁为简,逐个攻破原则

根据教材选择恰当的教法。在教学中可以把复杂动作分解成若干个动作环节,采用递进式教学方法,在各环节的学习过程中让学生分化感知各组成部分,促使每个细节概念明确化。在实际教学中,如果一开始就进行完整练习,往往出现的动作错误会很多。其原因是学生在独立操作时不容易感知各个动作的特点及与其他动作之间的联系,难以形成整个活动方式的完整印象,而且前一个动作环节的质量会影响到后一个动作环节的完成。

（五）诊断纠正错误技能的注意事项

1. 要注意纠正错误动作的主次。诊断纠错时要分清产生错误的原因,抓住主要矛盾,对症下药。主要错误纠正了,很多随之伴生的错误动作也会消失。

2. 教师在纠错过程中应注意共性的错误要集体纠正,不具有共性的错误最好进行个别纠正,同时要注意把具有共性的主要错误进行彻底纠正,避免急于求成。

3. 教师要注意自己的用词、心态,避免使用过激语言。对学生的错误多次纠正而效果不好时,教师不能急于指责学生或丧失信心,要静下心来考虑是否有其他的纠正方法,再去指导学生。

4. 引导学生多想多练,自主纠错。避免教师讲得多,学生想得少。

思考与练习

1. 什么是诊断纠正错误技能? 简述其基本功能。

2. 诊断纠正错误技能有哪些类型? 请结合实际教学举出 2~3 例。

3. 简要分析诊断纠正错误技能的影响因素。

第九节　结课技能

[内容提要]

　　课堂结束是否合理和恰到好处,是衡量体育课好坏的重要标志之一,也是教学成功与否的重要环节。结束部分是课堂教学的尾声,是体育课教学中一个不可忽视的重要环节。本节简要阐述了结课技能的概念、功能和构成要素,介绍了 17 种结课技能常用方法,提出了结课技能基本要求,提供了结课技能训练的实施方案。

一、结课技能概述

(一)结课技能的概念

　　一节体育课一般由准备部分、基本部分和结束部分组成。教学结课技能是指体育课堂教学结束时,教师为使学生消除疲劳、恢复身心功能,进一步领会所学知识、技能,形成正确的评价,养成良好的行为习惯等所采取的一系列教学行为方式。

　　体育课结束部分的主要任务是使学生剧烈运动的机体恢复正常,疲劳的身体得到放松,兴奋的心情得到平静,同时通过教师对学习情况的归纳总结,使学生所学的知识能够及时进行系统巩固,纳入自己的认知结构之中,使学生的认知能力得到提高。

　　因此,课的结束部分是学生身体活动和学习过程中的必要环节,也是体育教师必须熟练掌握的一个环节。课堂教学结束是否合理和恰到好处,是衡量一堂课是否圆满完成既定目标的一个重要标志,因而体育教师必须熟练掌握教学结课技能。教师应精心设计,合理安排课堂教学的结束部分,确保课堂教学善始善终,给整堂课画上一个圆满的句号。

(二)结课技能的功能

1.恢复身心功能

在体育课教学过程中,学生承担了一定的运动负荷和心理负荷,从而使身心得到锻炼。负荷引起一系列生理变化和心理变化,并不会随着运动的停止而立即消失。运动中,新陈代谢急剧加速,脉搏、呼吸频率比安静状态下成倍增加,各器官系统处于一个较高的活动水平,需要科学手段逐渐恢复到安静状态。所以在课结束时,教师要通过有计划、有目的、有针对性的手段和方法,科学合理地使学生的身心逐渐恢复到安静时的状态,缓解学生身体和心理的疲劳。

2.巩固强化功能

艾宾浩斯遗忘曲线表明,遗忘是"先多后少,先快后慢",即在学习刚结束时,遗忘最容易发生,遗忘率最高,随着时间的推移,下降的速率逐渐趋缓。为了阻止遗忘大规模地发展,最有效的策略是在学习刚结束时迅速进行复习。教师应抓住课的结束这一时机,对本节课所学知识进行回忆和复习,加深学生对新知识和新技能的理解与记忆。

3.构建知识体系功能

在体育课堂教学结束阶段,不仅仅是放松学生的身体与心理环节,教师通过归纳总结、举一反三、触类旁通,把本节课的知识、技能与方法进行简要的回忆和梳理,强调重点和难点,也是十分重要的。要把知识点同化到学生已有的认知结构中,使新旧知识系统化,形成"点—线—面"的结合,促进新旧知识的融会贯通。

4.总结教学功能

及时反馈是确保教学有效性的重要举措。在课结束时,教师通过询问、交谈、学生口头总结等方式不断接收反馈信息,了解学生对体育课堂教学内容与目标的掌握情况,反馈教学效果,以便从中发现问题,及时调整教学内容、方法和教学策略等。

5.拓展延伸功能

在课结束时,教师通过布置课外作业,向学生提出更高的期望,激发学生进一步学习的动力,把学生引向教材之外、课堂之外、学校之外广阔无边的知识海洋,使学生的学习、锻炼活动不因课堂结束而结束,从而养成终身体育锻炼的习惯。

(三)结课技能的构成要素

体育课结课技能由恢复机体、概括要点、总结评价、布置作业、收拾器械五项典型的教学行为要素构成。

1.恢复机体

体育课剧烈的运动使学生身体引起的生理变化,并非伴随着运动的终止而立即消失。因为在剧烈运动时,肌肉的活动常常是在缺氧的情况下进行的。教师要根据课的教学内容、活动项目、练习密度与强度等情况,有目的、有计划、有针对性地设计和选择一些放松性的活动练习,如拉伸韧带练习、局部拍打或按摩及心理放松练习等,以减少肌肉延迟性酸痛、消除疲劳,使学生的身心都尽量能恢复到相对安静时的状态。

2.概括要点

体育课结束时,教师按照本节课的教学内容顺序,梳理教学过程,高度概括出本节课的重点和难点,以强化学生记忆,巩固所学知识,实现学生认识的整体化和认知结构系统化。

3.总结评价

教师对照教学目标,就学生学习的整体情况,进行评价总结,旨在发现问题,找出不足;表扬优秀者,鼓励较差者,激发其学习动机,明确其努力方向。可以使学生进一步加深对教学内容的理解,明确重点、难点及练习方法和手段等,认清存在的不足与改进方法,以便学生课后有针对地进行练习。

4.布置作业

教师通过布置课外作业,来弥补课堂教学中学生练习时间与次数的不足,加深对课堂所学体育知识、技术与方法的理解,促使学生课下坚持锻炼,养成体育锻炼的好习惯。

5.收拾器械

爱护公物是每一位学生应遵守的公德,收拾送还器材是每一位学生应尽的义务。教师要通过教育,使学生意识到自己的责任、义务,培养学生的集体观念和奉献意识。同时制定制度,安排学生轮流值日,负责清查、送还器械。

二、结课技能的分类

根据教学内容、教学目标以及学生的年龄,体育课的结课技能大致可归纳为总结式结课、趣味式结课、悬念式结课、评价式结课等几种不同的类型。

（一）总结式结课

这是一种较为常见的结课方式。它是体育教师上完一节课后对本节课的内容进行梳理和概括，具有突出重点、难点，简明扼要的显著特点。这种结课方式一般用于新知识密度大的课型，或某单元教学的最后一次新授课。

这种类型的结课侧重于帮助并引导学生用准确精练的语言或简单明了的图表等方法，对课堂教学的内容进行归纳、概括，突出重点，消化难点，以加深学生对知识和技能的理解与运用，起到突出主题的作用。

（二）趣味式结课

趣味式结课是体育教师根据教学内容、学生的年龄，在教学最后阶段以故事、音乐、录像、游戏等有趣的形式结束授课。在课的结束部分安排与该课教学内容有关的游戏，不仅可以让学生在游戏中进一步巩固课堂里所学的知识和技能，还可以帮助他们从单调、厌倦的学习情绪中解放出来，唤起他们主动参与练习的激情，并从中体验成功的喜悦，收到事半功倍的效果。这种结课形式比较适用于较低年级的学生。

（三）悬念式结课

教师在结束授课时，结合教学内容，巧妙地设置必要的悬念，使学生在"欲知后事如何"时戛然而止，从而给学生留下一个有待探索的未知数，激起学生学习新知识的强烈欲望，使"且听下回分解"成为学生的学习期待，让学生对富有启发性的问题在课后主动去思考、探索，对学习新知识与新技能产生强烈的欲望，从而使该节课的结束成为下节课的开端，架起沟通新课的"桥梁"。这种方法多用在前后两节课在教学内容和形式上有密切联系的课中。

（四）评价式结课

教师依据教学效果，选择少数有代表性的教学对象（好、中、差）进行演练，并引导全体学生对各个练习结果进行单一的或综合的评论，用以集中学生的注意力，活跃学习气氛，培养学生观察问题和分析问题的能力。评价式结课可以采用学生自评、学生互评和教师点评三种方式。

1.学生自评

课结束时，教师请部分学生对自己在课堂上的表现以及学习情况进行自我评价，帮助学生及时了解自己的学习效果，自我反省，以便及时调整学习策略，同时也有利于教师把握学生的学习动态。

2.学生互评

通过学生对同学的学习情况、合作情况、进步情况、存在不足等进行评价，帮助学生提高观察能力和评价他人的能力，有助于学生之间的交往与交流，增强学生的团队意识。

3.教师点评

教师通过对整个课的观察，在体育教学活动即将结束时，对学生的学习目标达成、参与程度、拼搏精神和学习效果进行总结评价，以帮助学生了解自己，认清学习中的困难和症结，获得更佳的教学效果。评价的主要方法有表扬、批评、抑制、激励等。教师充满激情，且又意味深长地总结点评，往往能打开学生的心扉，激励学生更积极地参与体育学习，对学生正确的世界观、人生观的形成有积极作用。

三、结课技能的运用

（一）结课技能的训练内容

1.教师用语言准确表达结课技能的概念、类型、主要方法和基本要求。

2.选择某一项运动技能，练习归纳概括法。

3.结合某学生的课堂表现练习表扬法。

4.选择某技能项目，设计暗示语，练习暗示放松法。

5.设计一段放松舞蹈或健美操。

6.从中学体育与健康教材中选择2~3项内容，依据不同的教材内容和各年级学生的特点，设计结课技能训练的具体方案。在进行设计时应考虑以下几个问题：

（1）你的结课设计是否具有针对性？

（2）结束时，你是否强化了学生的知识学习，学生感到很有收获吗？

（二）结课技能的训练目标

1.理解结课技能的概念与功能，掌握基本类型与方法。

2.掌握结课技能的构成要素和应用基本要求。

3.根据教学内容，能准确地选择结课类型和方法，合理地设计课的结束部分。

4.通过训练能依据体育课的教学内容和学生的特点，较熟练地把结课技能应用于体育课的教学实践之中。

5. 能按结课技能的要求，对本人或他人的结课技能进行准确、科学的评价。

6. 编写一份结课技能的微格教学训练教案。

(三)运用结课技能的原则

1. 主体性原则

在导入时，考虑学生尚未学习新知识和新技能，教师要更多地进行示范并且带领学生练习。那么，在结束时，在学生已经掌握了新知识和新技能的情况下，教师要发挥学生的主体性，能够让学生做的尽可能让学生去做，能够被学生替代的尽可能被学生替代。给学生提供足够的实践机会，以学生为主体，尽量让学生去做自评或互评、口头总结以及相互提问等，提高学生学习的积极性、主动性，加深学生对所学内容的印象。

2. 连续性原则

结构完整的课堂教学应包括准备、基本、结束三部分，其中准备部分是课堂教学的起点，基本部分是课堂教学的核心，结束部分是课堂教学的终点。准备部分导入时提出的学习目标在结束时要达成，结束部分应是基本部分的自然延伸，与基本部分保持一致。

3. 简洁性原则

结束部分一般用时 5 分钟左右，概括本节课所学内容，归纳要点，做到点评时简明扼要，做得好的提出表扬，有不足之处提醒学生继续努力。

4. 多样性原则

每一种结束方式都有其自身的特点，因此，在课结束时，体育教师应根据不同的教学目标、教学对象、教学内容、教学设施和教师自身特点等因素灵活选用不同的结束方式，实现各种结束方式的优势互补，取长补短，提高结课的有效性。

5. 针对性原则

在体育课结束时，体育教师要根据教学目标、教材内容、学生身心特点、课堂学生练习的密度与负荷、学生练习的主要部位等，有目的、有针对性地选择合理有效的方式进行放松练习，从而达到真正放松身心的目的。

6. 延伸性原则

教师应在本节课结束时为下次课的教学"架桥铺路"，并进一步拓展教学内容，引导学生对本课教学内容和后续将要学习的内容做更深入思考，激起学生进一步探求的欲望,将学生的学习一直延伸到课后、课外。

(四)运用结课技能的注意事项

1. 精心设计,追求实效

体育课结课时内容多、时间短,因此体育教师要精心设计课的结束环节,切不可认为结束部分只是简单的过渡,而忽视对结束部分的设计。结束部分设计包括整理活动设计、概括要点设计、总结点评设计、组织队形设计等。教师应根据教学内容的性质和要求、学生的认知特点和理解情况、具体的课堂教学情境、教学规律及教学原则与教学方法的要求,使学生在尽量短的时间内达到放松身心、领会要点、接受思想道德教育等目标,结课方式做到科学选用、高效突出、力求创新。

2. 语言简练,紧扣主题

结束时对要点的概括是为了让学生更快、更好地理解记忆。教师要抓住动作的重点、难点,采用准确简练的语言加以总结归纳,给学生以深刻的印象,不要把概括要点与动作讲解混为一谈。对学生的点评不要只有优点,更重要的是指出问题,才能达到教学的目的。

3. 师生共评,激励为主

结束阶段,教师要对课堂教学进行全面、综合的分析评价,要给学生留有发表自己意见和建议的机会,从而及时获得最佳的信息反馈,培养学生善于发现问题的能力。此外,评价必须正确、公正、全面、客观,方法要恰当,应以表扬、鼓励为主。

4. 组织严密,按时下课

教师要准确把握课堂教学的进程和时间,合理安排结束部分的内容,教学组织严密,避免因整队讲解而造成时间上的浪费。此外,教师还应尽量做到按时下课。是否能按时结束课是反映教师教学计划、组织工作是否得当的标志之一。

思考与练习

1. 何谓结课技能? 简述其基本功能。

2. 体育教学中运用结课技能的目的是什么?

3. 根据教学内容,列举5种恢复机能的方法。

4. 编写一份5分钟左右的结课技能微格教案,分组试讲,然后进行评议、总结、修改。

第五章 说课

[内容提要]

　　随着素质教育的升温和教学改革的层层深入,说课得到进一步实践、充实、完善、提高,已成为具有中国特色的教研活动。本章介绍了说课的特点、类型、实施技巧,通过案例介绍了说课具体包括的内容。

　　说课是一种在中学各学科教研中均受到普遍运用的教学研究形式,最早由河南省新乡市红旗区教研室首先推出,其原始形式是集体备课。1987 年年底,该区要选人参加市里的"教坛新秀"评比时采用了这种方法,并创新了"说课"一词。20 世纪 90 年代,说课活动开始向深度、广度发展。2015 年,国家实施了教师资格证统考制度,废止了以往师范专业教师资格证的发放制度,在大量的研究和实践的基础上,重新构建了教师资格证书认证标准。教资考试制度拓宽了中小学体育教师认定的资格范围,确立了优选方案。说课这种源自基层、具有中国特色、原创性的教学研究活动,不仅推动了基础教育研究的发展,也成为促进教师教学技能提高的重要教学活动形式。在当前全国各中小学校的教师招聘考核中,说课已经普遍成为师范毕业生竞聘上岗考核的重要环节。很多高等师范院校将"说课"这一形式运用到师范生教育实习的准备环节之中,促进学生教学技能的发展,提高本校师范专业学生的竞争力。

第一节 说课概述

一、说课的定义

　　说课从产生开始,其内涵和外延在不断地发展。说课的构成要素包括说课者、课的设计以及说课手段和媒介。说课活动的目的是研讨教学设计优点与不足,促进教学设计的优化及教师专业发展。说课者一般是学生、教师,或者是教学研究人员,他们是说课活动的主体。说课者的教学理论水平、教师教学技能和综合素养,关乎说课艺术、课的设计、教学手段和媒介的选择和运用。说课者是说课的关键要素,课的设计质量是说课的重要基础,说课的手段和媒介是说课的重要保障。教学设计主要是教学目标导向下的教材、教法和教学程序的设计。

因此,说课可以定义为,教师或教研者以教育教学理论为指导,在精心备课或授课的基础上,面对同行、教学研究人员或领导,运用语言、PPT、音频、视频等媒介手段,阐述某一学科课程或某一具体课题的教学设计,提出设计理论依据和设计意图,并与参与说课活动的人员一起就教学目标的制定与达成、教材教法分析与处理、教学程序设计与安排、重难点的把握与突破及教学效果与质量的评价等方面进行预测或反思,共同研讨教学设计的优点和不足,并进一步改进和优化教学设计的教学研究过程。

二、说课的特点

(一)灵活与高效的可操作性

说课可以根据活动的需要,自由选择说课时间、地点和说课手段。说课活动也不受教学对象和参加人数的制约,只要两个人以上即可进行。说课时间较短,一般15~20分钟即可完成,根据活动需要,也可以限制在5~10分钟。但内容却十分丰富,可以锻炼语言技能、讲解技能、示范技能、教学设计技能等一系列教育教学技能。

(二)示范与辐射的引领性

说课是教师与听课人员的交流活动,符合现代教育所倡导的合作学习理念。无论是同行还是教研人员,在评议说课中都能通过切磋教艺、交流教学经验获益,尤其对说课的教师是最实在、最贴切的指导,能带给说课者更多理性思考,对于课程设计优化具有重要的意义。各种说课活动都具有一定的示范性,青年教师的教学评优活动、名师的说课带教活动和教学专题研究中的说课活动,其示范与辐射的引领作用则更为明显。

(三)理论与实践的统一性

说课的核心要点是“为什么这样教”,而不仅是教什么、怎么教的问题。说课能帮助教师更深入地解读教材、研究教材。另外,说课的准备过程也是优化教学设计的过程。这样就能促使教师去研究教学理论,从而构思自己的教学设计,解析将要发生的教学过程。教师说课,必须先有教案,再从教案转换成说课文本,最后在同伴中进行讲演,这也是提高教师写作能力与语言表达能力的过程。

三、说课的功能

(一)开辟教学活动的新形式

传统备课在教案设计时仅仅是以构思与预设"如何教"来框定一个基本的格式,而忽视了学生能力的培养、情感的提升与教学的生成,导致"机械地照搬教参中的目标或沿用他人设定的目标""凭经验设定目标""以内容定重难点""以教师为中心""以技术为目标""以传递习得为基本方法"等不科学的教学现象。

说课的创新和实施促进了备课、上课和评课的融合,通过多教与听等多方位的协作,不断探索、总结和概括教学相关问题,提升了教师的理论水平,优化了教学设计,提高了教学质量和效率。说课成为继备课、授课与评课之后的一个相对独立的教学活动,成为教学活动的重要阶段与环节。

(二)促进教师的专业成长与发展

教师说课不仅要说明"怎样教",还要说明"为什么这样教"的理论依据和实践需求。把课说清、说透需要教师积极主动地学习教育教学理论,认真反思教学实践活动,确立运用理论指导教学实践的意识,将教学理论和教学实践有机结合,这必将促使教师不断地提高自身的教育教学理论水平,有助于促进教师教学交流与合作。说课是教师相互交流教学经验、共同提高教学水平的一种有效的教研活动。

(三)创建了教师评价的新方式

一方面,说课是考评教师教育教学专业理论知识、教材分析能力、教学设计能力、教学技能和教师综合素养的有效手段,能为教学能力竞赛和考评教师提供依据;另一方面,说课不受教学进度、学生、场地、教学媒体等条件的限制,简便易行,节省时间,经济实用,可操作性强,具有较高的效率。说课教师通过阐述教学设计,阐明设计意图和设计依据,然后预估课程教学效果,既进行了过程评价,又实施了效果评价,提高了教学评价的全面性。

四、说课的类型

说课的类型包括很多种,存在很多分类依据。根据说课与上课的时间先后划分为课前说课和课后说课。根据说课活动的目的分为评价式说课、研究性说课和示范性说课。

（一）课前说课和课后说课

课前说课是教师在认真研读教材、领会编写意图、分析教学资源、初步完成教学设计基础上的一种说课形式。一般来说，实习教师或参与教学比赛的教师会在精心备课之后，采取课前说课的形式进行教学预演活动。

课后说课是教师按照既定的教学计划进行授课，课程授课完成后，授课者根据实际课堂教学过程和教学效果，阐述自己的教学设计意图、理论依据，以及教学效果的达成度，并总结教学设计和教学行为的优点与缺点的一种说课形式。课后说课是建立在教师个体教学活动基础上的一种集体反思与研讨活动。

（二）评价式说课、研究性说课和示范性说课

评价式说课是把说课作为教师教学业务评比的内容或一个项目，对教师运用教育教学理论的能力、理解课程标准和教材的实际水平、教学流程设计的科学性和合理性等做出客观公正的评判的活动方式。评价式说课可以采取课前说课（预测性说课），也可以采取课后说课（反思性说课）。评价式说课要制定评价标准和评分细则，分为评级和评分。评价式说课可以发现优秀教师，是带动教师队伍建设、促进教师专业发展的有效途径。

研究性说课是教师在教学实践的基础上，把教学实践工作中某个教材内容重难点的突破、教学热点问题研究和教学理念在实践教学中的实施等作为研究主题进行探索，并形成自己的阶段性的专题成果，以说课的形式向同行、专家和领导汇报研究成果的教育教学研究活动。研究性说课一般采取课后说课。

示范性说课是在教学能手和学科带头人等优秀教师做示范课前说课的基础上，按照说课内容进行上课，然后组织教师对该课进行评议的教学研究方式。示范性说课也是培养教学骨干的有效方式和重要途径。

五、说课与备课、授课、评课的内在关系

说课是深层次的教研活动形式之一，是教师将教学构思、构想转化为相对应教学实践活动的预演。自从说课被纳入教学研究系列活动以来，其意义与功能已被教学研究者与广大教师所重视。其实说课的价值，远不止于说课的本身，更在于它融入包括备课、授课、听课、评课、教学反思以及案例分析等系列活动时，所呈现的其他教学活动无法替代的功能。

无论活动主体和参与者怎么变化,都是围绕课程进行的活动,包括课的设计、课的实施、课的研讨和课的评价,即备课、授课、说课和评课。其目标是促进教师专业发展、优化教学设计、提升教学效果。但是由于各自活动任务不同,这四者的内涵和外延存在相对差别。备课主要体现"怎样教和学",备课任务是预设教学目标,制定教学设计。备课要求展示教学步骤、方法和手段。授课展示"这样教和学",是教学设计的实施。教师运用教学技能,实施教学设计,并达成预设的教学效果。说课主要体现"为什么这样教和学",目的是阐述教学设计和理论依据,进行集体研讨和反思,优化教学设计。评课体现"教和学怎么样",评课的任务是评价授课老师教学设计的科学性、教学设计实施的合理性、教学技能表现和教学效果的优劣性等,见图 5 – 1。

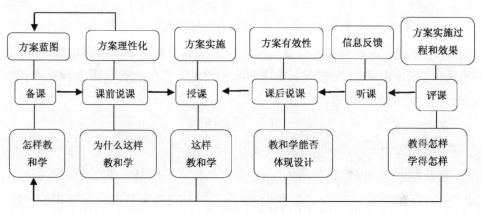

图 5 – 1　说课与备课、授课、评课的内在关系

第二节　说课的内容

依据说课的定义,说课应该说清楚指导思想、教材、学情、教学目标、教学重难点、教学方法和手段、教学程序、教学评价及教学效果预计八个部分。但是,随着说课理论的不断发展,教学设计特点、场地器材设计与安排、安全防范等成为说课必须讲清楚的内容。

一、说指导思想

课程标准是国家课程的基本纲领性文件,是国家对基础教育课程的基本规范和质量要求。《普通高中体育与健康课程标准(2017 年版 2020 年修订)》明确了课程性质和特点,凝练了先进的体育教学思想和理念,确立了课程目标,构建了课程结构,凝练了学科核心素养,更新了教学内容,研制了学业质量标准,增强了指导性,是体育与健康教学的纲领性文件。新一轮基础教育课程改革同以往课程与教学改革的不同就在于课程教学理念的改革,并在新的课程与教学理念的统领、指导下,对课程与教学进行全方位的改革。新修订的普通高中体育与健康课程标准贯彻和落实"立德树人"的根本任务,尊重学生学习需求,培养学生对运动的喜爱;改革课程教学内容,提高学生综合能力和优良品质;注重学生运动专长的培养,奠定学生终身体育的基础;建立多元学习评价体系,激励学生更好地学习和发展。学生发展强调了运动能力、健康行为、体育品德三个方面的学科核心素养。

课标的制定具有前瞻性,还具有很强的时代烙印。随着社会的发展,课标会有不适应社会发展或亟待改进之处。社会发展会催生课程理念的创新和发展,课程理念的创新和发展会引发课程教学改革。教学应该依据课程标准,紧跟时代精神,创新教学理念。

案例一:水平五——足球"二过一"战术学习

景德镇陶瓷大学体育系　朱兵

指导思想:本课以"健康第一"为指导思想,以《普通高中体育与健康课程标准(2017 版 2020 修订)》中的基本理念和要求为依据,紧密围绕足球相关体能练习、运动技能练习等关键点,展开"二过一"教学战术设计。以学生的发展为中心,充分发挥学生的主体作用,采用合作学习和自主探究学习法,学会"二过一"战术方法,能够进行"二过一"战术模拟练习,提高学生的体能和运动技能水平,促进学生身心健康;注重学生健康与安全意识的培养以及良好生活方式的形成,促进学生全面发展。

二、说教材(教材分析)

教材是课程标准的具体化、教材学科内容的系统组合,说教材须准确而深刻地分析教材和处理教材。运动项目模块是体育与健康课程教材的重要构成内容,是实现体育与健康课程目标的重要手段。由于运动技能的形成规律,体育与健康课程教材具有自己的特色,很多运动项目模块从水平一贯穿到水平六,教材内容主要是运动基础知识和技战术方法体系。说教材须在研读体育与健康课程标准的基础上,认真分析教材和处理教材。一方面,要讲清楚教材内容的水平阶段、运动模块内容及其在该运动技术体系中的地位和作用；另一方面，要分析运动技术的动作方法和动作要领、技术重难点以及教学单元设计。教材分析、学情分析共同构成本次教学活动开展的前提和基础，它能科学指导制定单元教学目标和课时教学目标。

案例二：足球球性学习

景德镇市第十三中学　万先进

教材分析：足球模块贯穿义务教育阶段和高中教育阶段，在体育与健康课程各水平阶段的教材中有着重要的地位。足球球性练习可以激发学生参与足球运动的兴趣，促进运控球技术的发展，提高技战术的执行效力。踩球、拉球、扣球和拨球等是球性练习的基本技术方法。球性练习技术组合动作的教学重点是单个技术动作方法的规范性，教学难点是组合动作的连贯性。水平四足球模块一共设计了45学时进行教学。球性学习单元教学计划包括两次课，一次是球性练习的单个技术动作，另外一次是球性练习的组合技术动作。第一节课进行了尝试性的足球小比赛和足球球性练习单个技术动作学习，学生积极性比较高，但是足球球性还比较差，关于足球球性练习的方法和手段比较欠缺。

案例三：排球垫球学习

景德镇市第十六中　赵斌

教材分析：排球正面双手垫球是体育与健康课程水平四排球模块的教材内容。排球运动具有全面性、技巧性、对抗性和集体性的特点，通过排球运动能够全面发展学生的身心健康，促进学生生长发育，有效发展学生的速度、灵敏、协调性等身体素质及空间感知能力。正面双手垫球是排球运动的基本技术，一般用来传接球，是排球技战术体系中重要的基本技术。排球垫球动作技术要领包含准备姿势、蹬腿抱拳（或叠掌）并肩前插、压腕夹臂击球等技术环节。水平四排球模块，一共分为30个学时教授排球教材内容。前面两节课进行了排球小游戏和排球自抛自垫球的学习，本课为排球模块垫球单元的第三次课，内容为排球一抛一垫的练习。其重点是学生在运动中体验正面双手垫球的规范动作，难点是击球时机的把握。

三、说学情（学情分析）

学情即学生情况，包括学生的年龄特征、认知水平、学习能力以及已有知识和技能基础等具体情况的总和。学生是教学活动的主体，教学活动围绕学生的全面发展开展。学情和教材是教学活动开展的前提和基础。具体来说,说学情,就是要全面客观地阐述学生已有的学业情况和已经掌握的学习方法等,预先判断学生对学习新知识的关注和接受程度,为优化教学设计提供参考。说学情应重点关注以下两方面的内容:

(一)要分析学生的一般特征,即对学生的生理特点、心理特点以及社会特点的分析。

(二)要分析学生的体育学习起点能力,即学生在从事体育与健康课程的学习前已具备的相关知识、体能、技能的基础,健康状况以及对体育学习内容的认识和态度。

案例四:足球球性单个技术动作学习

景德镇市第十三中学　万先进

学情分析:本次课的授课对象是景德镇市第十三中学七年级(2)班的学生,本班男生 26 人,女生 22 人,共计 48 人。全班同学来自景德镇市珠山区不同小学,由于珠山区所辖的各个小学的体育教学资源的差异性,以及学生对体育与健康课程的认知差异性,学生对足球学习的态度、积极性,以及身体素质和足球技术差别较大。其中有 8 位学生有一定的足球技术基础,有 13 位学生参与过足球运动,但技术较差,大部分学生没有参与过足球运动。七(2)班男生活泼好动,模仿能力较强,学习主动性和积极性也较强。女生较安静,足球学习积极性不高。球性学习单元教学计划包括三次课,第一次是球性练习的单个技术动作学习,第二次是球性练习的组合技术动作学习,第三次是球性练习的动作练习。第一节课进行了尝试性的足球小比赛和足球球性练习的单个技术动作学习,男生积极性比较高,但是单个技术动作的运用还是不熟练,缺乏球性单个技术组合的科学理念和方法指导。

四、说教学目标

教材分析和学情分析是教学目标的前提和基础,教学场地和器材是教学目标实现的物质条件,授课教师是教学目标实现的关键。说教学目标需讲清楚三方面内容:第一,说教学目标要重视内容的科学性和完整性。教学目标以体育与健康课程标准的体育学科核心素养理念为依据,包含运动能力、健康行为和体育品德三位一体的目标体系。教学目标须具有较强的可操作性,即教学目标要明确、具体,能直接用来指导、评价和检查该课的教学工作目标的可行性。第二,说教学目标应该把握课程教学目标、单元教学目标和课时教学目标的关系,说清楚课时教学目标制定的理论依据和实践依据。第三,课时教学目标的表述应该充分体现学生的主体地位,应该表现为"学生学会什么、参与什么、体验什么、悟出什么"等体现学生主动性的表述方式,而不是"教师使学生学会什么、使学生体验什么、让学生参与什么"等被动的表述方式。说课中的说教学目标不是简单地将教案中的文字表达讲给参与说课的人听,而应当对教学目标的确立与分解做必要的说明。

案例五:足球球性组合技术动作学习

景德镇市第十三中学 万先进

教学目标:

1.运动能力:学生学会运用足球组合动作的方法和手段进行运控球练习,在小场地游戏和教学比赛中尝试运用组合技术动作。速度、灵敏和协调性等身体素质得到发展。

2.健康行为:学生乐于参与足球组合技术动作学习、球性练习、足球游戏及足球教学比赛。学生勤于思考,重视安全。

3.体育品德:遵守规则,公平竞赛。能够和同学协作,努力拼搏,争取比赛胜利,正确认识比赛成功与失败。

五、说教学重难点

教学重难点是教学重点与教学难点的合称,是书写教学计划的必备要素之一,也是教学设计的重要依据。教学重点指依据教学目标,在对教材进行科学分析的基础上确定的最基本、最核心的教学内容,一般是一门学科所阐述的最重要的原理、规律,是学科思想或学科特色的集中体现。教学难点指学生不易理解的知识,或不易掌握的技能技巧。

体育与健康课程的教学重点应当以学科核心素养理念下的运动能力、健康行为和体育品德三维课程目标为依据,科学分析教材和处理教材,确定教材内容的重点。教学重点一般是运动技术方法学习、方法的运用和能力形成。体育教学难点由教材的技术结构和特点决定,一般是动作关键技术环节的掌握和协调。教学难点主观性较强,主要表现在需要根据学生的具体情况来确定。同样一个问题在不同班级里不同学生中,就不一定都是难点。难点不一定是重点,也有些内容既是难点又是重点。

另外,这里要分清教材的教学重难点和每堂课的教学重难点的关系。发展学生的学科核心素养需要通过体能、运动技能、体育文化和健康教育等内容的融合有效教学来实现。运动技术和战术是运动技能系列教材最基本、最核心的内容。运动技能教材教学分解为很多模块的教材内容,每个模块又要分解为很多教学单元,每个教学单元又要分解为很多单一技战术内容。根据运动技能形成规律,单一技战术教材教学重难点的解决需要多次课来完成。因此,教材重难点和每堂课的教学重难点二者是有区别的。课的重难点是体育教材重难点的分解,体育教材重难点的解决依赖每节课教学重难点的突破。课堂教学要讲究分散重点,突破难点。教学重点要分散,既让学生易于接受,又能减轻学生负担。教学难点要分析学情,合理分解技术难点,分步骤突破。这正是教学艺术性之所在。

六、说教学方法和手段

说教学方法主要是说明"怎样教"和"为什么这样教"的道理。教学设计须选择合理的教学方法和手段,科学布置场地和器材,突破教材重点和难点,实现课时教学目标,并给出教学方法的选择意图和理论依据。说清楚运用哪些教学方法解决教学重点、突破难点,以及采用哪些途径创设课堂情景、营造课堂练习氛围、激发兴趣、启发思维、调动学生主动参与学习的积极性。体育教学方法和手段的选择应注意掌握三个特点、处理好三个关系和挖掘三点价值。三个特点表现为:掌握体育与健康课程的性质和教材内容的特点,根据不同的内容选择不同的方法;掌握学生生理和心理特点,选择教学方法;掌握运动技能形成特点,采用不同的教法。三个关系表现为:处理好方法与内容的关系,使方法更好地为内容服务;处理好方法与重难点的关系,方法与目标效果统一,讲实效,不图形式;处理好教法与学法的关系,学生由学会变成会练。三点价值表现为:教法适应运动技术形成规律和学生的技术基础;启发学生运动思维习惯,鼓励学生主动寻求运动技战术实战运动情境;激发学生参与运动的兴趣,在运动中经历求知、和智力开发。

七、说教学程序

教学程序是教学理念和教学思想的载体,也是教学目标实现的有效途径。说教学程序,应说清楚教学时间内的不同阶段,教学活动展开的具体过程,包括教师的教和学生的学。一般分为说教学流程和说教学结构两个方面。在说课活动的实践中,说课教师根据课程需要和学生特点,选择说课设计的重点。说课可以偏重于教学流程,也可以偏重于教学结构,还可以将教学流程与教学结构结合起来说。

(一)说教学流程

1.教学总体思路和环节

教师在设计教学过程时,总要站在课程标准和完成教学任务的高度来构建教学过程,按教学内容配以相应的教学方法和手段来组织教学。从传统体育教学程序看,一般组织教学分为课前常规、身心动员、导入新课、新课讲授、知识和方法应用、身心放松、总结评价、课外练习等教学环节。新课标中十分重视学生运动能力、健康行为和体育品德的发展,强调学生运动中全面发展的四个教学阶段,包括激发兴趣、学会参与、技能形成、情感体验。

2.教学环节与方法、手段之间的联系

教师为完成教学目标,要说出根据自设的程序、环节如何处理教材,运用哪些教学方法和手段使教学过程流畅、有效的内容。此外,还可适当点明这样安排的目的和将要达到的预期效果。

3.教与学的双边活动安排

体育教学活动中,教师的教和学生的学是同时发生的。教学活动要充分体现教师主导地位和学生主体地位,教师精教,学生多练。教与学的双边活动要体现教法和学法的和谐统一,知识和技术传授的和谐统一,技术和能力开发的和谐统一、德育、智育与体育的和谐统一。在教与学的双边活动中,根据需要还可以继续解析突出重点、突破难点的具体做法,包括教学步骤、教学方法和手段等。

4.总结归纳,拓展延伸

课堂评价和反思是教学的重要内容,设计课堂教学时,教师可以在总结评价与课后练习中有一定的创意设计,可以说说如何归纳知识体系,形成结构,通过怎样的形式与方法实现知识与思维活动的适度拓展。

(二)说教学结构

教学结构是教师对教学具体程序的归纳,构成若干板块。体育课程也是以传授知识、技能为基本使命的,但由于体育知识和运动技能的传授是伴随着身体活动和运动负荷而进行的,因此,"在运动中进行体育教学"就成为体育教学过程的最大特点。这个特点在一定程度上决定了体育课所独有的"三段制"或

"四段制"。其中的"开始部分"是课堂常规、集中注意力、振奋精神和提出安全注意等体育活动前必要的准备工作;"准备部分"是进行较大强度运动之前的热身运动,依然是体育教学与身体锻炼所不可缺少的程序;"基本部分"是体育教学的主体阶段,是达成教学目标的基本保证,占体育课的大部分时间;"结束部分"和其他课堂教学一样,除了进行必要的教学小结外,还有体育独有的放松活动的内容,这也是不可缺少的。("三段制"是把"四段制"中的"开始部分"与"准备部分"合并而成的。)可见"四段制"教学,在一定程度上反映了体育课程教学的特点,是带有一定规律的常规性教学程序。"四段制"是体育教学过程的主体结构形式。在"三段制"或"四段制"的基础上,开始部分、准备部分、基本部分和结束部分根据教学活动特点和任务可以进行结构设计。体育教学程序结构设计和创新须遵守运动技能教学规律与学生身心发展规律,根据教学目标、教材性质和分段方法等具体情况来决定。

现代体育教学强调精教与多练、运动中学习与思考、竞争中情感体验与品德淬炼。教师在体育课堂教学中会设计出科学的、具有创新特色的教学结构板块,如"课堂常规、热身活动""创设游戏、方法体验""启发探究、方法认知""教学比赛、方法运用""放松总结、教学评价""课外练习、方法拓展"等。

教师说教学结构,要求说清教学总体结构构思和各个教学板块,每个板块的表述要充分体现是什么、为什么、怎么样,要注重教与学的双边关系,突显学生主体性,适度交代重点怎样突破、难点如何化解。

(三)说教学程序的注意事项

1.注重说理,强调理性思考下的过程设计

说教学程序要按说课的基本思路"教什么""怎样教""为什么这样教"来表达,不能简单地理解为教学程序就是教学过程的简述,缺乏应有的理性分析。教学程序中的"说理","理"在何处? 一是教材展开时自身的逻辑顺序和结构体系;二是教师所采用的某种教学策略或教学法自身的要求;三是教师在日常教学所积累的实践经验和基本规律中悟出的理性认识。总之,"说理"在教学程序中是不可或缺的,而教学程序自身的说明则是"理论依据"的表现形式和载体。

2.突出重点,强调教学过程的机理

说教学程序,要求教师对整个教学过程做详略与主次的处理,突出阶段性和关节点,大胆删除无关紧要和过细的具体内容。

教学过程不仅表现在时间的先后和阶段的变换,还表现在教学方法融入其中,教学艺术交汇其中,构成一个充满教与学的整体。因此,无论是说程序,还是说结构,都要将线性思维与多元思维结合起来,将教学程序与教材、教学目标、重难点之间的对应关系以及所采用的教法等做有重点、有侧重的交代。

八、说教学评价及教学效果预计

课程教学评价是课程评价的过程性评价,具有很强的现场性。体育课课堂教学评价应通过多种方式和渠道收集学生体育课堂表现信息,包括运动认知、运动参与积极性、运动能力、体能、心理状况、体育品德等方面的信息。说教学评价主要目的不是对一节体育课进行学习评价,而是在课堂教学过程中采取一定的评价形式。课堂教学评价的形式包括教师评价、学生评价和自我评价。说教学评价应讲清楚评价形式,此外,还要讲清楚在教学哪个阶段、评价哪个内容,以及采取何种方式和手段进行学习评价。

教学效果预计是综合教师的教学专业技能、学情、教学场地和器材,以及在此基础上围绕教学目标的教学设计等,对教学目标的完成情况做科学的预估。另外,还需讲清楚课程练习密度、平均心率以及运动生理负荷的趋势和特点。

九、说教学设计特点及安全防范

根据说课的定义和特点,说课内容除了以上八项内容,说课者还应该说清楚本次课的教学设计特点和安全防范的措施。讲清楚目标引领下的教材分析和处理、教学手段和方法以及教学程序、教学场地与器材等设计特点。说安全防范,应讲清楚安全防范的措施,主要包括安全意识、运动强度和密度的控制、场地与器材的合理安排、学生间距的安排,以及游戏、竞赛方法和规则的合理设计等等。

第三节 说课的原则、技巧与评价

一、说课的原则

根据说课活动目的和特点,尤其是说课发展成为教学实践活动的重点实训内容,正日渐成为教师专业发展、提升课堂教学理论层次的有效途径。说课作为动态教学过程中的重要环节,应当遵循一般教学原则,包括教学整体性原则、启发创造原则、理论联系实际原则、有序性原则、师生协同原则、因材施教原则、积累与熟练原则、反馈调节原则和教学最优化原则九大原则。参照以上九大教学原则,考虑到说课活动的自身特点,说课应遵循以下五个原则。

(一)科学性原则

课程的教学设计是说课质量的前提和基础,教学设计应遵循科学性的教学原则。

1. 教材分析与处理正确、透彻

体育与健康课程说课中,教师要全面分析与理解体育教材内容,不仅要从具体技术环节上弄清弄懂动作方法和要领,做到技术方法规范,技术环节要领准确无误,更要在宏观上确定教材内容在本水平段、本模块、本单元的地位与作用,把握技术动作能力层次的设计思路及重难点。

2. 学情分析客观、准确、符合实际

体育与健康课程说课中,教师应从学生的体育知识基础、运动经验、兴趣爱好、技术能力基础以及心理特点等几方面分析,并将其作为所采用的教学对策的依据。

3. 教学目标符合新课标要求,经处理的教学内容符合学生实际

新课程理念指导下的三维目标,在各学科具体目标中均有更为贴切的表述。体育与健康课程说课中,要依据体育与健康课程标准的水平阶段目标,设置单元的教学分目标,并依据单元教学目标,分解为课时教学目标,能说出课时教学目标分解与构成的依据。

4. 教学设计紧扣教学目标,有利于学生思维的发展,可行性强

教学设计主要包括教学程序设计、教学形式方法的设计以及教学手段的有效应用。教学设计要充分体现手段为目的服务,方法为内容服务,过程始终围绕目标的实现服务。此外,重点得强调与落实,难点的破解与解决也应有所交代。另外,教学场地的设计、器材的发放和回收也应该合理安排,体现课程目的和特色。

(二)清晰性原则

"说"是运用声音语言和体态语言表达。体态语言包括面部表情、眼神、手势、身体姿势、仪表五类。"课"是指课的教学设计。说课是通过语言表达的方式,说清楚课的内容和重点,包括教材分析、教材处理、学情分析、目标制定、教学程序、教学方法和手段,以及教学活动的设计意图和理论依据。

（三）实效性原则

说课活动的开展和组织,应遵循实效性原则。教学研究活动的开展,都有着鲜明的特点和目的。说课作为动态教学过程中的一环,其活动目的是优化教学设计,促进教师专业发展。说课是教学理论与教学实践的结合,日渐发展成为教师专业技能发展的重要途径,优先成为评优、竞赛、招聘和示范等活动的重要手段。应根据活动目标要求,确定说课的类型,制定说课活动方案。方案中明确目的要求,拟定过程与方法,制作评价量表以及组织相应的评价活动。说课活动的组织要事先制订计划、布置任务、做出分工、安排日程和活动时间。说课活动须整理说课的文本资料,以便资源共享,扩大说课活动辐射影响的范围。

（四）完整性原则

说课应该遵循完整性原则。完整性原则包括说课内容的完整性以及说课活动要素的完整性。说课内容应包括说指导思想、说教材、说学情、说教学目标、说教学重难点、说教学方法和手段、说教学程序、说教学评价及教学效果预计等基本内容,可以根据需要对教学设计特色和其他内容做阐述。另外,说课完整性还包括说课活动要素的完整性。说课应该包括教案、说稿(说课文本及说课纲要)、语言表达以及听者的评价等要素。说课之后的评议分析是发挥说课功能与作用不可缺失的重要环节。评价者要围绕本次说课的目的和要求,从教学理念、教学思想、教学能力方面进行评析,尤其要突出重点,对倾向性、普遍性问题做深入评说。

（五）创新性原则

说课是一种研究性的教学活动,是教学理念和设计的显性化。教学设计要在遵循教学原则的基础上,结合教材、学情和教师的具体情况,凸显课程教学设计特色。说课人要充分发挥个人的特长与教学风格,表现出说课艺术的特色。评价者要善于发现说课的创新点,重视创新在说课活动中的地位。

二、说课的技巧

从说课活动发展的时间顺序看,说课者应注意三个环节的准备工作,包括说课准备环节、说课实施环节和提问答疑环节。说课者如何在活动中表现优秀,取得良好的说课效果,实现说课活动的目标? 应该在以上三个环节中表现出一定的说课技巧,方能在说课活动中表现优异,成为获胜者。说课技巧在不同的阶段有着不同的呈现,准备阶段与实施阶段把握不同的说课技巧,都有助于取得较好的说课效果。但说课技巧也不是永恒不变的,会随着说课者经验的积累逐步完善,或增加新的技巧。因此,要想说课成功或在说课活动中有较理想的表现,注重把握各环节的说课技巧十分必要。下面对说课应把握的技巧做一个简单的归纳。

(一)说课准备

1. 说课活动方案研究透彻

评比式说课、研究性说课和示范性说课三种说课虽然本质一致,但是其目标、特点、功能和要求有所差别。说课活动组织者会根据活动的目的选择不同类型的说课,制定说课活动的方案和要求,评比式说课还要确定评分标准和细则。说课者应认真研读活动方案和要求,领会说课活动指导思想,遵守说课原则,理解评分标准和细则。

2. 文本设计规范而实效

说课前要有一个精心的准备工作,除了突出认真、仔细,更要把握技巧,只有这样,才能为成功说课打好基础。说课准备一般情况下包括两个说课文本的准备,首先撰写一份完整的说课文稿(或说课文本设计),然后在说课文本的基础上编写一份现场说课稿。一般情况下,说课活动组织方要求提交说课文本资料作为评分依据,或方便集体研讨和资源共享。由于说课性质,需要提交的说课文本应尽量详细地阐述教学设计内容,充分体现科学性、完整性和创新性原则。评优、竞赛和招聘等活动,一般选择评比式说课。为了适应评优、竞赛和招聘等活动需要,评比式说课时间一般规定为 10 分钟。如果按照提交的说课文本去实施,10 分钟之内根本不能完成说课。因此,现场说课文本应该是提交给组织方的说课文本的浓缩版。浓缩的说课稿需要找准说课点,做到内容完整、简洁精准、脉络清晰、重点突出。

3. 课件制作清新而简洁

有些说课活动需要参赛者事先制作一份 PPT 文件,以备说课现场使用。首先,PPT 制作要尊重说课内容的科学性原则,要体现内容的完整性,既不能堆积说课内容文字,又不能随意省略掉重要内容。其次,PPT 应该体现作为演示文稿的特点,内容应该精练概括,版式应该简洁明了。最后,PPT 制作要体现创新性。随着信息技术的发展,PPT 的制作手段呈现出现代化特征,除了文字,还有图表、音频、视频、flash 动画等等。说课课件制作需要有创新意识和想象力,运用先进的手段和技巧,从视觉和听觉等综合手段向听者阐述清楚教学设计。

(二)说课实施技巧

说课实施过程从简短的开场白到说课内容的完整陈述,再到陈述结束以后的答辩环节(部分说课活动有答疑环节),都有技巧可言。下面对各环节逐一进行讨论。

1. 开场白语言:简单明了,内容准确,形式合理

说课活动开场白能够给听众或评委留下不同的第一印象,说课者不可妄自菲薄,也不要盲目自夸。譬如,课的主教材内容是篮球单手肩上投篮,开场白应该是:"各位专家评委、老师大家好! 我说课的主题是……"要注意两个问题,一是不要过于谦虚,二是尽量避免太多感谢的话语。譬如:"由于时间紧,准备得不太充分,说得不当之处,敬请各位评委批评指正。"这样的开场白的作用往往是负面的。即便在随后的说课中未发生任何失误,但是,由于开场就说"准备得不充分",这样就会给人留下一个不好的印象,或多或少会影响到最终评判效果。

2. 现场陈述:字正腔圆、抑扬顿挫、富有激情

事先根据现场准备好的说课文本大纲,在说课实施过程中,要对其进行陈述,要求表达清晰,体现自信。针对有 PPT 演示的说课陈述,需要做到:一方面,所准备的 PPT 演示稿不可过多,不可过于复杂,文字要尽可能地减少,以便在陈述中浏览;另一方面,要事先对演示稿上的内容强化记忆,即便是脱离了演示稿也能顺利而流畅地清晰表达。针对没有 PPT 演示的说课陈述,要达到清晰而自信的表达,其难度略高于前者,因为脱离演示稿,不仅要牢记陈述内容的呈现顺序,还要牢固掌握各部分内容的精准表达,否则,清晰与自信都无从谈起。所以,两种情况的说课活动,要想在陈述方面达到要求,要把握好"熟悉"与"精准"的原则。

另外,说课语言的处理也要注意技巧。第一,语言表达要体现学生学习主体性,不要过多地用第一人称。例如,"我设计了……""我使学生……""我让学生……"等的语言暴露出"以教师为中心"的设计思路与组织方法。第二,对于设计意图和效果表达要充满自信。例如,"这样的练习可能……""这项游戏或许能够……"等表达方式,就会体现本次课教学设计理论依据和现实依据不充分,教学设计缺乏目的,说课者对教学效果预估缺乏自信。

3. 身体语言表达准确

说课是说课者与听课者的思想交流,说课者的面部表情、眼神、手势、身体姿态和仪表等身体语言的合理表达,能够达到很好的交流效果。说课过程中面部表情应该表现出自信,不可表现出害怕、气愤、不满、鄙夷的表情。说课者要与所有听课者有眼神交流,眼神做到灵活而聚焦。眼神表现要注意几点不妥之处:首先,说课者一直低头念稿子或一直抬头看 PPT,没有任何眼神交流;其次,说课者目光面向观众席或评委台,不停地前后左右移动目光做扫视动作,像寻物似的;最后,说课者时而看屏幕,时而看评委,但看评委时没有目光交流,而是看评委席上的物体(如桌签、茶杯、文本材料等)。说课者要杜绝"没有眼神交流""眼神过于频繁""眼神漂浮"三种现象,眼神表现应该灵活而聚焦。"灵活"表现为根据需要做必要的移动调整。"聚焦"表现为目光到哪里的时候,要有短暂停留,不能快速扫视。例如,看到某评委的时候,要有一个与评委目光交流的片刻,假如能够面带微笑效果更好,体现出礼貌又放松,同时能够从他们那里获得一种正能量的信息传递。有的专家或评委可能在听的过程中做出频频点头动作,表示认同所说内容。另外,说课者站立时要脊背挺直,胸部挺起,表现出自信心。说课时自然站立,两手自然处于体侧,适时配合一些手势动作。说课者切不可左右走动,或者手舞足蹈,头部左右晃动频繁。

4. 突发情况:反应及时,处理得体

突发事件是任何活动中都有可能发生的事情,说课也不例外。笔者以前观察到的说课活动中的突发事件无外乎"忘词""示范失误""突发电脑黑屏""视频无法播放""时间不够或时间多了"等。无论遇到什么突发情况,都需要说课者快速做出反应并做机智处理。如果"忘词",不能及时恢复已有记忆,第一反应可以低头迅速看一眼事先准备的说课稿。如果说课过程中穿插动作示范,所做示范未能成功,可以指出自己失误的原因,并重新做一次。如果说课过程中"突发电脑黑屏""视频无法播放",说课者可以通过快速点击鼠标调整电脑出现的异常,假如未能及时复原,不要把时间花费在等待修复上,可以先征求评委老师的意见,如果评委老师示意继续,说课者应继续凭借自己的记忆将课说完。如果评委老师示意等待修复,那就继续修复或寻求工作人员帮助。假如说课过程中事先准备好的视频无法正常播放声音或图像,可以对未成功播放的视频内容做简单的描述,然后继续说课,直至说课内容全部完成。说课结束提示哨声响后,假如判断"时间不够",说课者就需要省略部分内容,讲清楚后面的重要内容,争取在规定时间讲完;假如判断"时间多了",说课者应该在后面的说课环节展开部分内容,延长说课时间,在规定时间结束。

(三)说课提问和答疑环节

提问与答疑是说课活动的一种交流形式,也是考察和检验说课者专业素养的方式。答疑成功与否,并非完全由答案的正确程度决定,而是由教师的知识储备、应变能力、回应方式、交流态度等综合因素决定。做出淡定而谦虚的答疑回应,方能达到较为理想的效果。提问者为同行、专家或评委,提问一般都会围绕教学设计的内容展开,包括教学设计意图、教学设计可行性和组织教学的疑惑点等等。说课者须对提出的问题做出解释,在意见不统一的情况下,说课者提出自己的设计意图和理论依据。说课者在答疑过程中须冷静、放松、谦虚、礼貌,表情自然,回答问题时要条理清晰、具有针对性。例如,当听到问题后,可以先用一句"感谢您的提问",然后再结合自己对问题的把握做出相应的解释。如果没有听清楚问题,可以请提问者重新说一遍:"对不起,刚才没听清楚您的提问,请您再说一下您的问题,可以吗?"如果问题较难,自己难以很有自信地做出解释,也要十分谦虚地回应,切不可一言不发。假如能够用"很抱歉,在这一点上我还没有做过多的思考,希望得到您的指教"等回应,一般情况下,专家或评委们都能够比较有诚意地提出几点进一步完善的建议。

三、说课的评价

说课成为评优、竞赛、招聘和示范等活动的重要手段。为了公正评定说课者的说课效果和质量,需要制定科学合理的说课评价标准和评分细则。评价标准和评分细则一般由同行、专家和领导组成的评价小组,根据说课活动的目标和要求而制定。

关于课堂教学评价,各地教学研究机构曾经出台了众多类型的评价指标。质量评价包括教学设计、教学实施和教学效果以及教师教育教学技能四个方面,主要受制于四大因素:一是教学内容应包括哪些方面;二是教师专业素养内容;三是每个评价项目的说明或定义是否清晰;四是评价者对每个维度和项目的感知与理解的程度。同样,说课评价也受到这四方面因素的影响。同时,说课有自己的内涵特点,说课质量评价具有自己的指标体系和权重。表5-1、表5-2是景德镇陶瓷大学体育教育专业的说课技能评价表和说课技能竞赛评分表,供参考。

表 5-1　说课技能评价表

评价指标		评价标准	评价等级				权重
			优	良	中	差	
说课内容	指导思想	1. 概括凝练,紧扣课标,体现时代、党和国家要求					0.05
	教材	2. 联系技术体系,阐述教材地位和作用,说出动作方法和要领,准确把握教学重难点					0.05
	学情	3. 准确把握学生身心、了解身体素质及技术基础					0.05
	教学目标	4. 正确解析单元目标,制定明确、具体、合理、可操作的课时目标					0.05
	教法学法	5. 一法为主,多法并重,切实有效,有理有据					0.025
		6. 教法符合教材特点和学生实际,有利于教学重难点突破					0.025
		7. 教法重视创新思维、学习兴趣、习惯的培养,凸显学生主体地位					0.025
		8. 学法明确具体,紧扣教法,符合学情					0.025
		9. 合理选择现代信息化技术,恰当运用教具和教学手段,优化教学效果					0.025
	教学程序	10. 新课导入自然、流畅					0.05
		11. 课堂教学结构设计安排紧凑合理,能以目标为中心展开,紧密联系教法与学法					0.05
		12. 教学安排有利于激发学生运动兴趣,突出学生主体地位,倡导合作学习和探究学习					0.05
		13. 知识的引导、讲授符合学生认知规律和运动技能形成规律,突出重难点的有效解决					0.05
		14. 学练结合,练习密度和强度科学,时间分配合理,衔接紧凑					0.05
		15. 合理设计教学反馈环节,预估教学效果					0.05
	安全措施	16. 具体有效					0.025
	场地器材	17. 场地布置科学,器材发放、回收设计合理,器材充分利用					0.025

续表

评价指标		评价标准	评价等级				权重
			优	良	中	差	
说课艺术	语言	18.普通话标准,声音抑扬顿挫					0.05
	人体语言	19.仪表端庄,表情自然,眼神灵活而聚焦,教姿稳重,感染力强					0.05
	内容	20.说课熟练,内容完整,重点突出,逻辑清晰					0.2
	板书	21.合理清晰,突出重点,字迹工整,整洁美观					0.05
	时间	22.掌控准确,分配合理,重点突出					0.05

表5-2 说课技能竞赛评分表

体育教育(本科)		学号:			年级:		
		姓名:			性别:		
说课竞赛评价指标		评价标准	评价等级				得分
			A	B	C	D	
文本设计40%	科学性	指导思想	1.概括凝练,紧扣课标,体现时代要求	2	1.6	1.4	1.2	
		教材	2.联系技术体系,阐述教材地位和作用,说出动作方法和要领,准确把握教学重难点	2	1.6	1.4	1.2	
		学情	3.准确把握学生身心,了解身体素质及技术基础	2	1.6	1.4	1.2	
		教学目标	4.正确解析单元目标,制定明确、具体、合理、可操作的课时目标	2	1.6	1.4	1.2	
		教法学法	5.一法为主,多法并重,切实有效,有理有据	2	1.6	1.4	1.2	
			6.教法符合教材特点和学生实际,有利于教学重难点突破	2	1.6	1.4	1.2	
			7.教法重视创新思维、学习兴趣、习惯的培养,凸显学生主体地位	2	1.6	1.4	1.2	
			8.学法明确具体,紧扣教法,符合学情	2	1.6	1.4	1.2	
			9.合理选择现代信息化技术,恰当运用教具和教学手段,优化教学效果	2	1.6	1.4	1.2	

续表

说课竞赛评价指标			评价标准	评价等级				得分
				A	B	C	D	
文本设计 40%	科学性	教学程序	10. 新课导入自然、流畅	2	1.6	1.4	1.2	
			11. 课堂教学结构设计安排紧凑合理,能以目标为中心展开,紧密联系教法与学法	3	2.4	2.1	1.8	
			12. 教学安排有利于激发学生运动兴趣,突出学生主体地位,倡导合作学习和探究学习	3	2.4	2.1	1.8	
			13. 知识的引导、讲授符合学生认知规律和运动技能形成规律,突出重难点的有效解决	4	3.2	2.8	2.4	
			14. 学练结合,练习密度和强度科学,时间分配合理,衔接紧凑	4	3.2	2.8	2.4	
			15. 合理设计教学反馈环节,预估教学效果	2	1.6	1.4	1.2	
		安全措施	16. 具体有效	2	1.6	1.4	1.2	
		场地器材	17. 场地布置科学,器材发放、回收设计合理,器材充分利用	2	1.6	1.4	1.2	
说课内容 40%	完整性		18. 陈述内容完整	10	8	7	6	
	系统性		19. 能够依据指导思想,围绕教学目标,阐述教学目标,处理教材,选择教法、学法和手段	10	8	7	6	
	熟练性		20. 说课熟练,环节紧凑,节奏合理	10	8	7	6	
	准确性		21. 说课内容精准,重点突出,步骤清晰	10	8	7	6	
说课艺术 20%	仪表服装		22. 仪表端庄,穿着整洁宽松,符合体育教师职业要求	2	1.6	1.4	1.2	
	人体语言		23. 普通话标准,语音清晰,语速合理,语调抑扬顿挫,措辞准确	4	3.2	2.8	2.4	
			24. 教态端正,表情自然,目光灵活而聚焦,充满激情					
	板书		25. 合理清晰,突出重点,字迹工整,整洁美观	2	1.6	1.4	1.2	
	时间节奏		26. 时间掌控准确,分配合理	2	1.6	1.4	1.2	
	答疑		27. 谦虚礼貌,问题解释清楚合理	3	2.4	2.1	1.8	
	说课材料		28. 材料提交齐全、按时,格式和内容符合要求	3	2.4	2.1	1.8	

思考与练习

1.什么是说课？它有何特点和作用？

2.说课有哪些类型？各个类型的作用是什么？

3.说课包括哪些内容？应当遵循哪些原则？

4.任选一个体育与健康课程模块内容，写一篇说课稿。

第六章　无生上课

[内容提要]

　　无生上课简单说就是模拟上课,它是对真实课堂的模仿,也就是在学生不参与的情况下进行的虚拟教学活动。本章主要介绍了无生上课的特点、类型、功能,通过案例介绍了无生上课的内容,阐述了无生上课的原则、技巧和评价。

第一节　无生上课概述

　　2005 年,"模拟上课"以一种新型的体育教研活动,第一次出现于浙江。2008 年,山东省文登市(今文登区)小学在优质体育课评比活动中,使用的评比方式便是模拟上课。2011 年,无生上课开始在首届全国体育教师基本功比赛中应用。自此以后,其他学科也陆续使用无生上课的评比方式。由于这种方式使用时间较短,不局限于天气、场地、器材等因素,操作灵活高效,且能够准确反映教师的专业教学能力和综合素养,因此,无生上课能够快速发展,并成为评课、招聘、赛课、职称评定、教资考试的主要方式,目前使用更加广泛。

　　另外,高校师范类人才培养方案包括教育见习、教育实习和教育研习等教育实践课程,教育实习是教师人才培养的重要环节。实习期间,学生初为人师,初登讲台心里一片茫然。因此,实习教师需要经过模拟上课训练,熟练教学内容,才能从容走上讲台,保证教学顺利进行。实习生一般要经历多次"无生上课—总结提高—无生上课"的循环练习,不断熟练教学内容和步骤,规范教学语言和行为,才能正式走进真正的课堂。无生上课在备课、授课、说课、评课等一系列教学活动中起着重要作用。

一、无生上课的概念

　　无生上课,即没有学生参与的授课,又叫模拟课堂。在模拟的教学环境里,以教学设计理论为基础,教师运用声音语言、体态语言以及动作技能等手段,模拟真实课堂双边教学活动的实践活动。无生上课是一种将个人备课、教学研究与上课实践有机结合在一起的教研活动,突出表现教师专业教学能力和综合素养。无生上课的时间一般为 10～15 分钟,教学对象是虚拟的学生,根据真实课堂教学需要,可以模拟教学场所和器材。

二、无生上课的基本特点

(一)同构与异质的统一性

无生上课是常规课堂的预演,无生上课与常规课堂具有同构性,即模拟的教学环境、教学对象、教学过程等教学要素相同。无生上课的参与人员有教师、领导、同行或评委,没有学生参与,但无生上课教学对象仍然是学生,只不过是虚拟的学生,其他参与人员是听课人和评课人。但是,无生上课的形式和目标均不同。教师模拟真实教学场景下的双边教学活动,实际只是教师单边"教"的行为,"学"的活动只能通过教师语言来反馈,它不对模拟教学对象(学生)发生任何影响。因此,无生上课只是以常规课堂教学设计理论为蓝本,在模拟教学环境里的教师教学活动的"独白剧",而不是真实课堂实践里的师生双边教学实践活动。无生课堂侧重教学过程的模拟,以及教师教学能力的表现。常规课堂侧重教学效果和学生个体的发展。

(二)灵活与高效的操作性

无生上课可以根据活动的需要,自由选择上课的时间和地点,活动组织难度小,操作灵活度高。常规课堂一节课一般 40～45 分钟,无生上课只需 10～15 分钟。无生上课时间比常规课堂时间相对缩短,提高了活动组织效率。无生上课场所及教学对象是虚拟的,不受教学对象和参加人数的制约,可以根据活动需要安排无生上课。在活动的过程中,教师展示自己的教学能力、动作技能水平和综合素养,课后能够及时得到同事、专业人员的评价与建议,并能够积极参与讨论,得到有效的修正方案和改进建议。教师不断反思、总结和加深对教材内容的理解,修改自己的课前备课方案。一般情况下,上课教师还可以自己一个人进行,熟悉教学内容,感受上课节奏,锤炼教学基本功,提升专业教学能力。

(三)语言与技能的融合性

教案是无生上课的"剧本",剧本里的活动主体是学生,教师起着活动主导作用。而实际上无生上课中学生是虚拟的教学对象,教师一人自编、自导和自演。一方面,教师要通过语言的组织和表达,完全表现出教学设计的理念和实施内容,即体现教学目标、内容、方法和手段、重难点突破等方面的教学设计;另一方面,教师要设计声音语言和体态语言的技巧,包括语调、语速、表情、眼神、手势及身体姿态等,表现出高超的教学技能的艺术性。另外,在体育与健康课程模拟教学中,教师要合理有效地插入动作技能展示,体现动作的规范性和艺术性。最后,动作方法需要语言总结,突显动作技术要领,充分体现语言的组织能力。

三、无生上课的类型

根据无生上课的目的,可以分为尝试性无生上课、评比式无生上课和示范性无生上课三种。

(一)尝试性无生上课

尝试性无生上课是一种教学实践活动,它是其中重要的环节。无生上课模拟具体教学过程,引导教师不断完善课堂教学设计,规范教师教学语言和行为,熟悉教学内容和教学步骤,掌握课堂教学节奏,促进课堂教学效果的提高。总的来说,它还是一种教研活动。通过该教研活动,不断锤炼教师的课堂讲解、示范、提问、纠错、互动、反思、诊断等教学基本技能,培养教师教学基本功,促进教师成长。

(二)评比式无生上课

评比式无生上课是一种教学竞赛形式,主要考查教师的教学设计能力、专业教学能力,以及综合素养。教师招聘考试、教师基本功大赛以及教师资格证考试经常会采用评比式无生上课形式。评比式无生上课一般包括教学设计、无生授课和评委提问三个环节。教学设计环节由参赛人员在招聘单位相应学段题库中抽选教材内容,作为无生上课的教学内容。参赛人员在规定的时间内,一般是20分钟,不借助书本、手机和电脑等信息工具,独立完成教学设计提纲。参赛人员应在教学设计提纲的基础上,迅速构思各个无生上课教学环节的陈述语言。第二个环节是参赛人员进行无生上课,时间控制一般为10~15分钟。

(三)示范性无生上课

示范性无生上课是指导教师给实习学生做教学示范,讲解教学实践中的课程导入、方法和手段的运用、重难点的处理等,或者是教学能手、学科带头人等优秀教师在教研活动时,展示实践教学技术的运用。然后,组织教师对该课进行评议和研讨,提升教师对教学艺术的认知,促进教师成长。示范性无生上课也是培养教学骨干的有效方式和重要途径。听课教师在这种形式的教研活动中,可以从模拟上课、学习和研讨中,认知讲课艺术,加深对讲课的理解,不断提升自己的教学能力。

四、无生上课的功能

无生上课通过教师语言和教学行为,表现出"有生"状态下的双边教学活动。常规课堂双边教学活动,教师和学生都得到情感体验,教师和学生教学相长。但是,无生上课毕竟还是学生缺位下的教师单边模拟教学活动,只有教师情感得到体验,专业能力和综合素养才能得到发展。前者侧重学生的发展,后者侧重教师个体的发展。

(一)无生上课是教师教学设计能力的"试验田"

教学是理论和实践的统一,教师根据自己的经验和理论知识,对课程教学提出理论构想,设计好了"教什么、怎么教"。教学设计是否科学,还亟待实践验证。教师授课具有实时性,学期教学计划设计好了,没有时间留给教师尝试教学。无生上课的创新和实施,解决了教学实验问题。无生上课作为备课和授课中间环节的教学活动,促进了备课与授课的紧密联系。无生上课通过实验性教学验证"教什么"的内容设计是否科学,"怎么教"的方法是否合理。无生上课的实验教学完善了教学设计,提升了教学质量。无声上课成为备课、授课、说课与评课之外的一个相对独立的教学活动,成为教学活动的重要阶段与环节。

(二)无生上课是教师教学能力的"磨刀石"

备课解决了"教什么、怎么教"的问题,奠定了一堂好课的理论基础。但是,"谁来教"是一堂好课的关键。备课是教师结合教学经验和专业理论的创作过程,教案是教师的创作成果。第一次创作成果要转化为教学实践,还需要通过教师的二次创造,二次创造成果便是与教学设计同构异质的教学实践。一次创造提出了"教什么、怎么教"的理论预案,二次创造提出了"谁来教、怎么教"的组织方案。课堂授课要求教师具备良好的声音语言和体态语言表达能力、敏锐的课堂观察能力、清晰的逻辑思维能力、全局把控课堂的能力、果断处理突发事件的能力等等。出于对学生培养的责任,走上讲台之前,教师进行模拟上课,不断熟练教学内容和步骤,组织各教学环节的语言,提高教学艺术性。

(三)无生上课是教师教学能力的"试金石"

无生上课以灵活、高效的操作形式,实现了从教学设计到教学实践的两次创造,呈现出了教师的专业教学设计能力和教学能力,有效反映了教师教育教学专业理论知识、教材分析能力、教学设计能力、教学技能和综合素养。此外,无生上课不受教学进度、时间、学生、场地、教学媒体等条件的限制,具有较强的灵活性和可操作性。无生上课作为教学能力竞赛和考评教师的手段,具有较强的即时性、公平性和可靠性。

五、无生上课与备课、授课、说课的关系

无生上课是新型的教研活动形式,是教师将教学设计转化为相对应的教学实践活动的模拟演练。无生上课的价值,远不止于其本身,更在于它融入包括备课、授课、听课、评课、教学反思以及案例分析等系列活动时,所呈现的具有科学精神的实验价值。

(一)无生上课与备课

无生上课与备课都是教师上课前的准备工作,备课是教学实践的理论构建,无生上课是设计理论的实战演练。备课从构思到完成教学设计,着重研究课堂中的"教什么、怎样教""怎么做"等教学内容及实施。而无生上课则是通过模拟教学实践,验证备课教学设计的合理性和科学性。通过模拟实践教学,无生上课要清晰、完整地向参与活动的人员呈现"教什么、怎样教"。无生上课,一般可以作为验证和完善备课的基本手段,运用集体智慧,优化教学设计,仔细打磨教学细节。无生上课是在传统备课基础上发展出来的一项新的教研活动,并迅速成为教学活动系统中的重要环节。

(二)无生上课与授课

授课是教师在特定的环境中,在备课的基础上,以学生为对象,有目的、有计划、有组织地促进学生学习的行为。无生上课是常规课堂授课的预演。虽然有着不同的表现形式,但它们都是教学从设计走向教学实践的紧密联系、互相促进的两个阶段。无生上课和常规授课的场景要素和教学过程要素一致,虽然参与活动发生的时间、场所以及人员不同,但是,无生上课模拟教学的对象仍然是学生,模拟教学场景仍然是教室、黑板、教具等。无生上课和真实课堂授课的侧重点不同。常规课堂教学是师生的双边活动,教师和学生都经历情感体验,并得到发展。虽然无生上课通过教师语言和教学行为表现出"有生"状态下的双边教学活动,但是,其毕竟还是学生缺位下的教师单边教学活动。其中,只有教师情感得到体验,教师专业能力和综合素养才能得到发展。常规课堂教学目

标主要是加强学生情感体验,促进学生发展。

(三)无生上课与说课

无生上课与说课都是理论与实践相统一的教学活动,二者有着共同的活动环节,都是在教学设计基础上的教研活动。无生上课是备课教学设计基础上的模拟教学实践,说课是对教学设计深层次的设计原理的阐释和剖析。二者具有较强的针对性和目的性,无生上课能有效反映教师的教学基本功,说课能深刻考验教师的教学理论水平。

无生上课和说课都不受上课时间、地点和人员的限制,活动组织有较强的灵活性。另外,无生上课和说课活动组合,能够深化教师对课堂的理论认知和实践认知,优化教学设计,提高教师专业教学能力和综合素养,促进课堂教学质量的提高。综合两方面的评价,能切实有效地评价教师专业教学能力。

(四)备课、无生上课、授课、说课与评课的内在关系

备课、无生上课、授课、说课与评课,无论活动主体和参与者怎么变化,都是围绕课程进行的活动,包括课的设计、课的预演、课的实施、课的研讨、课的评价,完成了一个完整的教学研究过程。其目标是促进教师专业能力发展、优化教学设计、提升教学效果,从而促进教学质量的提高。由于各自活动目的和特点不同,五者的内涵和外延相对存在差别。

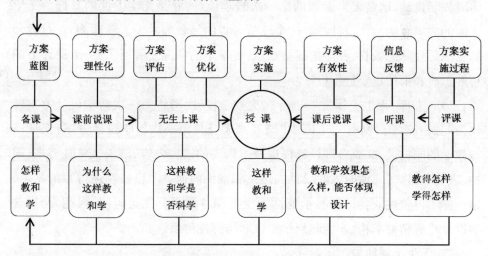

图6-1 备课、无生上课、授课、说课与评课的内在关系

第二节 无生上课的内容

教师招聘、教学比赛和教资考试会采取评比式无生上课,一般在题库里抽选教学内容,两次教学设计时间有规定,一般为 20 分钟左右,有可能更短。因此,两次教学设计就只能列出大纲:第一次教学设计大纲突出教学结构的完整性、教学环节的清晰性及重难点处理的有效性,且适时融合上课教师的专业特长;第二次教学设计大纲突出教师专业教学能力的表现性,主要突出教学语言的艺术性和动作的规范性。具体到教学过程,包括开场白的礼貌性和简洁性、姿态动作的自信性、语言表达的逻辑性、互动语言的合理性、评价语言的启发性和鼓励性、结束语的明确性和谦虚性六个部分。体育与健康课程教学还需突出哨声的准确性与及时性、动作的规范性和合理性、语言与哨声的协调性。

一、无生上课的教学设计

备课是教师运用教育理论知识和教学经验进行教学设计的创造性活动,成果是研究性的理论方案。上课是教师运用专业技能进行的创造性活动,成果是实时性的教学艺术。无生上课的内容设计,一方面指的是常规课堂的备课,即课时教学设计,这是无生上课的第一次教学设计,它是无生上课的基础。无生上课的内容要明确。设计教案这个环节考查的是教师的个人备课能力,对教师的要求是要熟悉教材,并能把握重难点,对学生的情况要有所了解,上课环节的巧妙过渡和衔接也要进行设计。

另一方面,无生上课需要进行二次教学设计,即将第一次教学设计方案转化为"独白剧"的"剧本"。"剧本"既要准确反映第一次教学设计方案,保证模拟教学的同构性,又要合理设计模拟教学活动的语言内容、语调、语速、姿态、眼神、表情、动作等。课时教学设计的理论和案例前面章节已经阐述得很清楚了,这里就不再赘述。尝试性和示范性无生上课备课具有充足时间,因此,两次教学设计均应精益求精,才能起到示范性和研究性价值。

二、无生上课阶段

(一)简短的开场白

无生上课者应充满自信地走进考场,开场白应精练简洁,谦虚礼貌。首先,上台后介绍自己是几号考生即可。然后,告诉评委抽选的题目题号,并说出题目内容。开场白还应该说出单元课次、学情分析、教学目标、教材重难点等,所有的内容都要简单清晰地进行表述。最后,等待评委示意可以开始上课。

案例一:"足球:脚背外侧踢球"开场白教学设计

[声音语言]各位老师,我是 3 号考生,今天我上课的内容是"足球:脚背外侧踢球"。本课是六年级足球选修单元,脚背外侧踢球教学单元的第一堂课。本次课的课时目标是:知道脚背外侧踢球的动作方法和要领,学会运用规范的动作方法进行脚背外侧踢球练习;发展学生的下肢力量和灵敏协调性;培养互帮互学、团结协作的意识,体验合作成功的喜悦。本次课的重点是脚背外侧踢球的规范性,难点是踢球动作的连贯性和稳定性。老师,我准备好了,可以开始上课吗? 好的,我开始上课。

[体态语言]自信从容,走进考场。语言简明扼要,表情自然,跟评委进行目光交流。

(二)开始与准备部分

开始和准备部分的时间控制在总时间的 15% 以内,如果按照 10 分钟时间限制规定,应该是 1′30″。开始部分包括课堂常规、宣布课的内容和要求。准备部分一般包括慢跑和热身操。由于无生上课的时间限制,所以准备活动一定要创新性和简洁性相结合。创新性体现在导入课程新颖,热身操活动符合本次教学内容特点。热身操采取老师喊口令并领做的形式,每一节操只喊一个八拍。如果设计专门性的辅助练习或者小游戏,一定要做到简单、易操作。如果时间允许,可以根据课程内容需要,在宣布上课内容后,合理插入高质量的动作技术演练。譬如,如果课题内容是健美操,老师可以做精彩简短的健美操表演。如果课题内容是武术,老师可以做精彩的武术组合动作表演。动作技能的演示,一方面可以很好地导入本次课的内容;另一方面,可以充分展示老师的专业特长,增加评委对于上课者的良好印象。

案例二:"足球:脚背外侧踢球"开始部分与准备部分教学设计

1. 课堂常规(30″)

[声音语言]嘟嘟! 集合! 请持球同学把球放在自己脚下的右前方。立正! 同学们好! 立正! 从左至右报数! 稍息! (宣布本节课内容)同学们,前两节课我们练习了脚背正面踢球,90% 的同学已经掌握得不错了。这节课我们来学习"足球:脚背外侧踢球"动作技术。

[体态语言]集合时,立正姿势,目光正视前方。整队时表情严肃,口令准确,声音洪亮。师生问好,声音适中,面带微笑。集合哨声,两声长音。同时,左手握拳屈肘于左前额,拳心向内。

2.热身活动(1′)

[声音语言]同学们！准备活动分为三个部分,运控球跑、拉伸和游戏。立正！向右转！1、2、3、4 对首尾相接,成单路纵队,围绕 7 人制足球场的边线运控球跑。跑步走！同学们！间隔 3 米距离,注意不要碰撞！尝试脚背外侧运球！[1]好的,结束！鸣哨！[2]跟老师做一下拉伸活动,头颈部拉伸,侧向拉伸,体前屈拉伸,弓箭步拉伸,侧向压腿。同学们,下面为游戏环节。游戏方法:学生两两一对,在规定的场地内进行运控球和抢断球练习。一名学生运控球,一名学生抢断球。要求同学们尝试运用脚背外侧运控球。抢断球一方触碰到球,角色互相交换。1、2 队左边场地,3、4 队右边场地。游戏开始！[3]哪位同学上来展示一下脚背外侧运球,请同学们仔细观察。张三同学出列,大家掌声鼓励！其他同学认真观察！嗯,好的,同学们,张三同学做得怎么样？好的,请张三同学归队！[4]继续练习！

[体态语言]陈述语言简明扼要、逻辑清晰。口令和提示,声音短促洪亮。鼓励时,面带微笑,右手胸前握拳。

[1]身体微右转再左转,单手立掌沿着虚拟运控球场地,目光跟随。

[2]练习结束哨声:一短一长或两短一长,强音在后。臂上举,握拳前倒,指向虚拟集中地。

[3]左手立掌,指向左边虚拟场地,视线跟随。右手立掌,指向右边虚拟场地,视线跟随。

[4]右手立掌,指向虚拟学生站立位置。

（三）基本部分

无生上课的关键部分是基本部分,时间占到无生上课总时间的 70% 左右,约 7′。教师的教学能力和专业技能水平得到了客观的反映。基本部分内容包括讲解、示范、练习、提问、答疑、纠错、评价、总结等,哪一项都是不可或缺的。无生上课讲解应该目标清楚、突出重难点,讲解语言突出教学的艺术性,与运动技术特点有效融合。教师一定要指出错误原因,并做正确动作和错误动作的比较,让学生一目了然。关系到学练的过程中,要将紧抓重点、突破难点体现出来;使用科学新颖的形式,给予学生一定的帮助,促进他们尽快将运动技能熟练掌握;学练过程中的组织不能少,要用简单明了的语言,让听者非常清晰;学生分组练习的时候,练习的形式和次数要说清楚,让听课者感受到这样安排的目的。

案例三:"足球:脚背外侧踢球"基本部分教学设计

1. 讲解与示范(1′)

[声音语言]好,体验结束![1]请王一同学出列,刚才我观察到你的动作是很流畅的,你来向大家讲解一下脚背外侧踢球的技术要点吧! 嗯,好的,讲解得很清晰,示范也很标准,谢谢! 请归队。[2]下面,老师讲解并示范"脚背外侧踢球"的动作要领。身体正面对球,支撑脚踏在球侧,膝关节稍屈。腿由后向前摆,脚跟立起,脚尖内转,以脚背外侧击球后中部。触球瞬间,踝关节脚背用力向内侧扭转,脚面绷直。击球后,踢球腿顺势前摆着地。[3]可以简单地总结为:(1)支撑(球侧);(2)二摆腿(由后向前摆);(3)击打(脚背外侧击球后中部,踢球刹那脚背向内侧扭转);(4)随前(踢球腿顺势前摆着地)。大家听明白没有?

[体态语言]陈述语言简明扼要、逻辑清晰,声音短促、洪亮。目光左右扫视,然后正视回答问题的虚拟学生。表扬学生,面带微笑,并竖大拇指。

[1]练习结束哨声:一短一长或两短一长,强音在后。臂上举,握拳前倒,指向虚拟集中地。

[2]立掌指向正前方虚拟回答问题的学生。

[3]讲解时,配合动作,侧面和正面分别做一次。

2. 老师领做(2′)

(1)无球练习(1′)

[声音语言]好的,以中间同学为基准,呈广播体操队形站立,请同学们把球带到你们脚前放好。[1]下面跟老师一起体会一下,每个同学模拟自己前面也有一个足球。做分解动作的同时,大声跟老师一起说出相应的动作要领,好不好?(1)支撑;(2)摆腿;(3)击打;(4)随前。分解动作大家都做得比较规范。再来一次,我喊数字,大家做出分解动作,并大声喊出动作要领。第三遍,做一下完整连贯动作,支撑—摆腿—击打—随前。[2]好的,大家自己单独做六遍脚外侧踢球完整连贯动作。

[体态语言]口令语言,声音短促、洪亮。目光左右扫视,然后目光正视。

[1]两手侧平举,踏步。

[2]根据语言,并做出相应提示动作。

(2)踢固定球练习(1′)

练习结束! 鸣哨![1]李四同学,请出列! 我和李四同学配合示范一下踢固定球。李四同学,请你用脚把球踩住固定好,你的脚尖不要超过足球顶部中线。看老师示范,支撑—摆腿—击打—随前,一气呵成![2]两两一组,一个同学踩球固定,另一位同学做脚背内侧踢球,感受技术环节及击打球位置。每人做完六次,然后交换。同学之间互相指正动作。好的,同学们,注意:支撑脚在球的左侧! 先后摆再前摆! 击球中下部! 随前!

[体态语言]口令语言,声音短促、洪亮。目光左右扫视,然后目光正视回答问题的虚拟学生。表扬学生,面带微笑,并竖大拇指。

[1]练习结束哨声:一短一长或两短一长,强音在后。臂上举,握拳前倒,指向虚拟集中地。

[2]老师和李四同学配合讲解踢固定球练习方法。

3. 分组练习,巡回指导(1′)

[声音语言]1、2队左边场地,3、4队右边场地。两两一组,相向站立,间隔3～5米,进行脚外背侧踢球练习。[1]同学互相观察,提醒要领,指正错误,分组练习! 鸣哨![2]张一同学,摆腿,后踢球! 李四同学,踢球力量小点! 王五同学,踢完球身体要随前![3]李杰同学,摆腿击球,做得很好!

[体态语言]陈述语言简明扼要、逻辑清晰。提示和口令,声音短促、洪亮。表扬学生,面带微笑,并竖大拇指。

[1]左手立掌,指向左边虚拟场地,视线跟随。右手立掌,指向右边虚拟场地,视线跟随。

[2]分组练习:一声长音,两手握拳侧平举,拳心向下。

[3]单手立掌指向虚拟学生张一、李四、王五,并配合语言示范正确的动作。

4. 集体纠错(1′)

[声音语言]练习结束! 鸣哨![1]请各小组面向老师呈扇形靠拢。通过刚才的体验练习,大家的脚背外侧踢球基本正确,哪位同学可以展示一下。掌声有请王五同学和小明同学。嗯,可以的,别紧张,再来一次。他们做得怎么样,大家掌声鼓励一下![2]大家练习时,我发现同学们有两个普遍性问题。第一,踢球部位不准,踢球部位不是球侧后部位,应该是球中部。同学们体会一下。第二,踢球无力(纠正:脚面绷直,后脚跟起,小腿快速发力),支撑脚位置不正确,重心后移或前移,同学们可体会一下。[3]

[体态语言]陈述语言简明扼要、逻辑清晰。提示和口令,声音短促、洪亮。鼓励学生,面带微笑,双手鼓掌。

[1]练习结束哨声:一短一长或两短一长,强音在后。臂上举,握拳前倒,指向虚拟集

中地。

　[2]单手立掌指向虚拟的两位同学。

　[3]指出错误动作,分析原因,示范正确动作,纠正错误动作。

　5.分组练习(1′)

　[声音语言]下面体验脚背外侧踢球,两两一组,相距 10～15 米,在踢球体验中注意安全,保持相互间的活动间距。练习开始![1]小军同学注意踢球时小腿快速发力;辉飞同学,支撑脚的位置不对;李刚同学,脚背没有绷直;王慧慧同学,踢球部位不是中部。[2]练习结束! 鸣哨![3]面向老师成四列横队站立,请各组小组长持球,其他同学把球放在球筐里。[4]

　[体态语言]陈述语言简明扼要、逻辑清晰。提示和口令,声音短促、洪亮。鼓励学生,面带微笑,双手鼓掌。

　[1]分组练习:一声长音,两手握拳侧平举,拳心向下。

　[2]指出错误动作,分析原因,示范正确动作,纠正错误动作。

　[3]练习结束哨声:一短一长或两短一长,强音在后。臂上举,握拳前倒,指向虚拟集中地。

　[4]单手立掌指向虚拟收纳箱。

　6.游戏"读秒踢球"(1′)

　[声音语言]同学们,老师介绍一下"读秒踢球"规则。方法:一个小队成一组,围成圆圈,2 人在中间抢截,其他人用脚背外侧传球。规则:必须使用"脚背外侧传球"技术;持球 5 秒内必须传球,否则违规;传球失误者变成抢截者。为了大家安全,要注意动作幅度,对球不对人。各小组在小组长的带领下,按指定 1、2 队左边场地,3、4 队右边场地,进行游戏。各组听小组长安排,进入场地开始游戏。[1]

　[体态语言]陈述语言简明扼要、逻辑清晰。提示和口令,语言短促、洪亮。

　[1]左手立掌指向左边,右手立掌指向右边,目光跟随。

　(四)结束部分

　结束部分就是整个模拟上课的结尾,时间占到总时间的 15% 左右,约 1′30″。放松活动是教师表现自身素质的机会,可以是轻松欢快的歌伴放松舞,或者是具有针对性的拉伸放松。语言方面有特长的可以试着意念放松,让听课者与学生随着讲课教师精彩的描述,想象来到了美丽的自然环境中,放飞思想。全课小结是必备的,要使用简单明了的语言对全课进行总结,此处一般作为教师机动控制时间的重要环节。如果时间充足,那么总结会相对详细一些,反之,可以用一句简短的话结束全课。

案例四:"足球:脚背外侧踢球"结束部分教学设计

1. 总结与评价(30″)

[声音语言]游戏结束! 集合![1] 立正! 稍息! 同学们,刚才我们对脚背外侧踢球技术在游戏中进行了运用,85% 的同学能够正确地应用脚背外侧踢球,那么,哪位同学说说该基本技术的作用是什么,可以举手回答。小兵同学。[2] 小兵同学说有利于更好地运控球和传球。运控球和传球能力,在比赛中起着重要的作用。下节课,以小队为单位,开展课堂足球比赛,体会综合运用脚背外侧踢球技术,希望大家课后好好练习,争取比赛胜利。加油![3]

[体态语言]陈述语言简明扼要、逻辑清晰。鼓励语言,声音清晰、洪亮。

[1]练习结束哨声:一短一长或两短一长,强音在后。臂上举,握拳前倒,指向虚拟集中地。

[2]单手立掌指向虚拟的小兵同学。

[3]面带微笑,右手握拳,立肘胸前。

2. 放松活动(1′)

[声音语言]两人一组互相按摩放松一下,抖抖手、抖抖脚! 上肢和下肢拉伸一下! 立正! 稍息! 本次课就到此为止。请体育委员收回器材,下课!

[体态语言]陈述语言简明扼要、逻辑清晰。

(五)结束语

案例五:"足球:脚背外侧踢球"结束语教学设计

[声音语言]"各位专家评委,一号考生无生上课已经结束,请老师指正。""老师,关于您的问题,我是这样理解的……""考生作答完毕! 谢谢老师!"

[体态语言]自然站立,表情自然,和评委席老师进行目光交流。

(六)体育教师资格考试无生上课案例

体育教师资格考试包括理论考试和面试。面试采取无生上课的形式,考查考生的专业知识、教学能力和动作技能。考生从报考教资考试相应的学段题库中抽取面试题目,每道题目中包含讲解和示范技术动作要领、设计和演示技术动作的教学步骤、技术动作展示三个方面的内容,规定时间约 10 分钟。譬如,某考生抽到的题目是:一、讲解大跨步前穿动作要领,并示范。二、设计与演示原地单手肩上投篮的教学。三、展示行进间上篮动作技术。根据考题的目的和内容要求,无生上课的教学设计如下。

案例六:体育教师资格考试中的无生上课教学设计案例

题目	1.讲解与示范:大跨步前穿 2.设计与演示教学:原地单手肩上投篮 3.技能展示:行进间上篮
教学目标	1.学生能够说出原地单手肩上投篮的动作方法,并学会运用规范的动作方法进行投篮练习,能够完整演练大跨步前穿,动作规范。 2.通过大跨步前穿和原地单手肩上投篮练习,发展学生上肢和下肢力量,以及协调性等身体素质。 3.学生积极参与课堂各项活动,勤于思考,重视安全。学习中团结协作、积极进取。
课的结构	教学内容
开始部分40″	1.整队集合,师生问好 [声音语言]成四路横队,集合![1]立正! 稍息! 向右看齐! 向前看! 立正! 同学们好! 稍息! [体态语言]集合时,立正姿势,目光正视前方。整队时表情严肃,口令准确,声音洪亮。师生问好,声音适中,面带微笑。 [1]集合哨声,两声长音。同时,左手握拳屈肘于左前额,拳心向内。 2.清点人数,安排见习生 [声音语言]立正! 从左至右,报数! 有没有身体不舒服,不能上课的? 很好,没有! [体态语言]立正姿势,口令声音短促、洪亮。提问时,语速适中。目光左右扫视,然后目光正视前方一点。 3.检查服饰,安全教育 [声音语言]请大家把身上佩饰及尖锐物品取下,连同手机一起放在收纳箱里。[1]下课后请记得拿自己的物品。上课期间,如果身体不适,请及时跟老师汇报。 [体态语言]自然站立,目光扫视左右,检查学生服饰。语音语速适中,态度和蔼。 [1]身体微微左转,单手立掌指向地面虚拟收纳箱。 4.宣布本次课的内容和目标,并提出课的要求 [声音语言]同学们,上节课学习了大跨步前穿,课后时间有没有练习呢? 很好! 都有练习。哪位同学上来展示一下? 张一同学! 大家鼓掌欢迎! 张一做得好不好? 很好! 请入列![1]本次课,我们一起学习原地单手肩上投篮。大家有没有信心学好? 真棒,都有信心![2] 很好,大家一起加油![3] [体态语言]宣布内容之前,自然站立,目光扫视左右,然后定在一点。提问的时候,语音适中,语调抑扬。为大家鼓劲时表情坚定自信、语音高亢,并竖大拇指。 [1]出列口令时,单手立掌指向虚拟张一同学。入列口令时,单手立掌指向虚拟的学生。 [2]向前握拳、竖肘指鼓励。 [3]右手握拳,并在胸前举起右臂。

续表

课的结构	教学内容
准备部分 70″	**1. 运球跑** [声音语言]同学们！准备活动分为两个部分，运球跑和热身操。立正！向右转！全体同学按照1、2、3、4路纵队顺序，首尾相接，成单路纵队，跑步走！一二一！依次经过球筐拿球，[1]绕篮球场边线运球跑！每人之间隔3米，注意安全！右手高运球！低运球！后转身运球、左右手交叉运球、胯下运球……很好！换左手，再来一遍！同学们，间隔3米，速度慢点，沿着篮球场边线运球跑！[2] [体态语言]讲解准备活动内容，语音、语速适中，清晰明了；口令和提示，声音洪亮。身体动作配合讲解语言，目光跟随身体动作。 [1]身体转向虚拟的篮球放置，并立掌指向该方向，目光跟随。 [2]学生运球跑时，老师提示不同形式的运控球动作，并提示安全距离和速度。 **2. 篮球操** [声音语言]练习结束！哨声！成四列横队集合！[1]以中间同学为基准，双手持球放于腹前，成广播体操队形站立。[2]篮球操预备起，持球体侧运动，1、2、3、4、5、6、7、8……，持球体转运动，1、2、3、4、5、6、7、8……，持球腹背运动，1、2、3、4、5、6、7、8……，持球绕环运动，1、2、3、4、5、6、7、8……，胯下八字绕环，1、2、3、4、5、6、7、8……，高运球，1、2、3、4、5、6、7、8……，低运球，1、2、3、4、5、6、7、8……，左右手交叉运球，1、2、3、4、5、6、7、8……，停！[3] [体态语言]哨声响亮准确，指令和口令音短促响亮，声音响亮，节奏准确。目视正前方。 [1]练习结束哨声：一短一长或两短一长，强音在后。臂上举，握拳前倒，指向虚拟集中地。 [2]五指并拢立掌指向正前方虚拟学生。接着原地踏步，两手拳成侧平举。 [3]喊口令节拍时，同时做篮球操动作，每节做一个八拍。
基本部分 400″	**1. 大跨步前穿（复习）** [声音语言]全体同学，按照1、2、3、4路纵队顺序，慢跑依次将球放入篮球收纳箱！[1]然后慢跑回到原地，成四列横队集合。[2]学习单手肩上投篮之前，先复习大跨步前穿。刚才，张一同学表现很好，现在，老师喊口令，大家集体练习。一、预备，并步站立，双手抱拳于腰间。二、左脚上步，两臂左侧后摆。三、两臂由前向后摆。左掌头上方亮掌，右掌右侧平举，目视右掌。同时，右脚提膝前摆，左脚跳跃，空中挺胸展腹。[2]完整练习三遍，一、二、三！动作正确！跨步很远！鸣哨！练习结束！[3]想不想看老师做一遍。好的，老师表演一下，大家认真观察。[4]拳打千遍，其理自现，希望同学们课后多加练习。 [体态语言]讲解内容简洁清晰，语音语速适中。口令、提示和鼓励，声音洪亮。身体动作配合讲解语言，目光跟随身体动作。 [1]单手立掌指向虚拟的1、2、3、4横队。然后，单手立掌指向篮球收纳箱方向，目光跟随。 [2]老师喊动作要领并提示动作要领。 [3]练习结束哨声：一短一长或两短一长，强音在后。臂上举，握拳前倒，指向虚拟集中地。 [4]老师完整示范大跨步前穿。

续表

课的结构	教学内容
基本部分 400″	2. 原地单手肩上投篮动作学习(新授) (1)导课 [声音语言]同学们,篮球比赛的输赢依据是什么? 大点声,得分! 能得分的篮球技术是什么? 投篮! good! 同学们,投篮方法有很多种。按照持球手,分为单手、双手。按照投篮动作形式分为原地、行进间、跳投和扣篮等。今天,我们学习原地单手肩上投篮。首先,我给大家展示一下今天要学习的原地单手肩上投篮方法。[1] 全体同学! 按照1、2、3、4路纵队顺序,慢跑依次经过收纳箱! 每人拿一个篮球,持球慢跑回到原地,两手腹前持球,成四列横队站立。[2] [体态语言]自然站立,提问时声音清晰响亮。鼓励时,面带微笑,向体前竖大拇指。 [1]从运球开始,做原地单手肩上投篮动作,侧面和正面分别做一次。 [2]身体微转,单手立掌指向虚拟收纳箱。做双手腹前持球示范。 (2)讲解与示范 [声音语言]同学们,一、二排蹲下。刚才,我做了原地单手肩上投篮的完整示范,现在我详细讲解并分别示范一下,大家在听的同时,可以模仿老师的动作。一、准备动作:两脚开立,与肩同宽,双手腹前持球。二、屈膝、屈肘、仰腕,肩前持球。左手护球、左前下侧护球。三、直立抬大臂(大臂平行于地面)、立小臂(小臂与大臂成90°)、平仰腕(手腕与小臂成90°),球置于右肩正上方,手腕正对投篮方向。右手向手腕正前上方伸臂、屈腕、拨球,出手角度70°左右。左手护球随动。大家仔细观察,球出手后转动方向,往后转! 很好![1] 怎么样才能往后转呢? 从掌根到指尖,贴着篮球向正下方摩擦。[2] [体态语言]语音、语速适中,逻辑清晰。口令和提示,声音洪亮。提问时,语音适中,语调上扬。 [1]讲解时,同时做相应的示范动作,并保持动作姿态。侧面示范、正面示范各做一次。 [2]老师慢动作,示范两遍,侧面示范、正面示范各做一次。 (3)老师领做,学生练习 [声音语言] 　　无球:同学们,把球放在自己右侧脚下地面,跟我做无球动作练习。一、双手持球,自然站立。二、屈膝、屈肘、仰腕,肩前持球。三、直立抬臂、立肘仰腕,球置于右肩正上方。四、伸臂、屈腕、拨球。[1] 第二遍,同学们一起跟我大声说出动作要领,好不好? 一、开立夹球。二、屈膝、屈肘、仰腕。三、平大臂、立小臂、仰平腕。四、前伸臂、屈腕拨,出手角度70°。[2] 第三遍,good! 　　有球:同学们,拿起地上篮球,开始进行有球练习。练习时,屈腕拨球的方向是自己头顶正上方,球往后转。球下落后,自己接住球,进行下一次练习。[3] 我喊数字,大家跟我一起做,大声喊出动作要领,好不好? 一、准备。二、屈肘、仰腕。三、3个90°。四、出手角度70°。大声点! 第二遍,一、准备。二、三、四,连贯点。很好![4] 第三遍,球向后旋转,nice![4]

续表

课的结构	教学内容
基本部分 400″	[体态语言]内容简洁,语速适中。口令和提示,声音洪亮。提问时,语音适中,语调上扬。鼓励时,向前竖大拇指。 [1]领做时,大声喊口令,同时做相应的示范动作,并保持动作姿态。侧面、正面示范各做一次。 [2][3][4]侧面领做。提示时,右手持球,左手指出 3 个 90°。提示连贯,2、3、4 动作连着做。提示球向后旋转时,球出手后,手往后做旋转状。 (4)老师口令,学生练习 [声音语言]同学们,老师喊口令数字,大家做出动作,保持动作姿势,大声喊出动作要领。最后,向头顶正上方出球,行不行? 一、准备姿势。二、肩前持球。三、3 个 90°,球在肩正上方。四、先伸臂后屈腕拨球,注意往后旋转。[1]很好,再来一遍! 声音再大一点![2]第三遍,Ok,perfect! 练习结束,鸣哨[3] [体态语言]口令和提示,声音洪亮。鼓励时,向前竖大拇指。 [1]做相应的提示动作。 [2]两手放在耳后,做听话状。 [3]练习结束哨声:一短一长或两短一长,强音在后。臂上举,握拳前倒,指向虚拟集中地。 (5)分组练习,巡回指导 [声音语言]1、2 队左边场地,3、4 队右边场地。两两一组,相向站立,间隔 8 米,投篮练习。[1]两个人互相提醒动作要领,指正做得不好的地方,开始练习。同学们,二、三、四动作一气呵成,出手角度 70°。[2]张一同学,先伸臂,再拨球。李四同学,球往后旋转。王五同学,3 个 90°。[3]练习结束,哨声。[4] [体态语言]自然站立,声音、语速适中。 [1]左手立掌指向左边场地,视线跟随。右手立掌指向右边场地,视线跟随。 [2]单手立掌指向虚拟学生,做原地单手肩上投篮的连贯动作示范。 [3]单手立掌指向虚拟学生,提示正确动作。 [4]练习结束哨声:一短一长或两短一长,强音在后。臂上举,握拳前倒,指向虚拟集中地。 (6)集体纠错,重难点突破 [声音语言]练习结束! 鸣哨![1]大家原地单手肩上投篮动作基本正确,但存在以下问题:一、出手方向忽左忽右,原因是什么呢? 投篮过程中,小臂左右摆动。正确的动作应该是小臂竖直前伸,球最后从中指方向出手。二、球没有旋转。错误做法是直接前推或者压球,球往前旋转。正确做法是屈腕拨球应沿着掌根到指尖,贴着球下侧从上往下摩擦。[2]两两同学一组,1、3 队同学肩前屈肘持球,平大臂、立小臂、仰平腕,左手托住右肘关节,助力右臂 70°伸臂、屈腕、拨球动作。2、4 队相对的同学,右手手掌贴放在球上侧,给投篮动作一定阻力。投篮同学体会垂直向前上方伸臂,并体会掌跟到指尖,贴着球下侧从上往下摩擦,球在相对的同学手掌上滚动。体育委员出列,跟老师一起示范一遍。[3]每人练习六次,然后交换练习。 [体态语言]内容简洁,语速适中。口令和提示,声音洪亮。提问时,语音适中,语调上扬。 [1]练习结束哨声:一短一长或两短一长,强音在后。臂上举,握拳前倒,指向虚拟集中地。 [2]分析问题时,做出相应的错误动作和正确动作,进行比较。 [3]陈述纠正方法时,老师跟体育委员一起做相应的动作示范。

续表

课的结构	教学内容
基本部分 400″	(7)集体练习,总结点评 [声音语言]同学们,现在,两两一组,相向站立,间隔8米,投篮练习。做六遍! 一,很好! 二,先伸后拨! 三、四,球向后转! 五,注意动作连贯性! 六,Perfect! 练习结束! 鸣哨![1]同学们,80%的同学动作基本正确,但还缺乏稳定,20%的同学动作还存在伸臂时小臂忽左忽右,屈腕拨球错误。还希望同学们下课后勤加练习,互相帮助,争取把动作做规范。 [体态语言]内容简洁,语音、语速适中,口令声音洪亮。 [1]练习结束哨声:一短一长或两短一长,强音在后。臂上举,握拳前倒,指向虚拟集中地。
结束部分 90″	1. 放松活动 [声音语言]同学们,请把球放回收纳箱,返回成四列横队,呈广播体操队形站立。跟我一起做拉伸运动:第一节,拉伸上臂,1、2、3、4、5、6、7、8……;第二节,侧向拉伸,1、2、3、4、5、6、7、8……;第三节,弓箭步拉伸,1、2、3、4、5、6、7、8……;第四节,侧压拉伸,1、2、3、4、5、6、7、8……;第五节,抖抖手抖抖脚,1、2、3、4、5、6、7、8……。 [体态语言]老师做相应的动作,每节操作两个八拍。 2. 师生小结,布置作业,宣布下节课内容 [声音语言]同学们,今天这节课复习了大跨步前穿,学习了原地单手肩上投篮。大家都表现很好,希望大家课后勤加练习。下节课我们将学习行进间上篮,老师做一下大家看看。下课后,同学们查一下视频资料,提前学习和了解一下。[1] [体态语言]内容简洁,语速适中。鼓励时,向前竖大拇指。 [1]老师做行进间上篮动作技能展示。 3. 师生再见,回收器材 [声音语言]立正! 稍息! 同学们再见! 值日生清点并送还器材! 谢谢! [体态语言]立正姿势,目视正前方。单手立掌指向模拟收纳箱。

第三节　无生上课的原则和技巧

无生上课是常规授课的模拟,应遵照常规授课的九大教学原则。考虑到无生上课活动的目的和特点,还应遵循同构性原则、表现性原则、有效性原则及反思性原则。

一、无生上课的原则

(一)一般性原则

一般性原则包括整体性原则、启发创造原则、理论联系实际原则、有序性原则、师生协同原则、因材施教原则、积累与熟练原则、反馈调节原则和教学最优化原则九大原则。

（二）同构性原则

无生上课与常规课堂具有同构性,即教学环境、教学对象、教学过程等教学要素相同。无生上课是常规授课的预演,无生上课要求教师的教学语言和行为逻辑要存在于虚拟教学环境里。无生上课的教学过程,要完整体现导课、讲解、示范、启发、提问、讨论、答疑、纠错、练习等常规教学的完整的过程要素。

（三）表现性原则

无生上课虽然是模拟的双边教学活动,但学生的学习效果是无法评价的。无生上课相对于常规课堂授课而言,侧重于教师专业技能的表现和发展。因此,无生上课可能需要适当淡化常规课堂教学"学"的过程,突出表现出教师"教"的能力,即表现教师教的艺术和动作技能艺术性,包括教师的语言能力、运动能力、讲解示范能力、教学节奏把控能力、教学组织能力、教学评价能力等教学技能。

（四）有效性原则

无声上课是教师运用声音语言、体态语言以及动作技能来表达。教师须在规定的时间和空间内,充分表现出优良的专业教学能力和综合素养。因此,教师的语言须精练简短,指令明确有效,逻辑清晰,环节紧凑,动作有效规范。

（五）反思性原则

上课者要根据评课者提出的正确意见和针对性建议,反思自己的教学行为,修正自己的教学方案,完善教学中表现不足的地方,提高自己的教学能力。

二、无生上课的技巧

无生上课的技巧在不同的阶段有着不同的呈现,准备阶段体现教师的教学设计能力,实施阶段体现上课的语言组织和动作表现,都有助于达成较好的无生上课效果。但无生上课的技巧是发展的,会随着无生上课经验的积累逐步完善。

（一）无生上课准备

1.无生上课活动方案研究透彻

评比式、尝试性和示范性三种无生上课虽然本质一致,但是其目标、特点、功能和要求有所差别。无生上课活动组织者会根据活动的目的选择不同类型的无生上课,制定无生上课活动的方案和要求。无生上课者应认真研读活动方案和要求,领会活动组织机构的活动指导思想,遵守无生上课的原则,仔细研读和理解评分标准和细则。

2.无生上课文本设计规范实效

无生上课是指教师面对专家或评委,独立模拟表演师生双边活动,具有虚拟性与表演性。在教学设计(即备课)中就应充分考虑教师的这一行为,关注对学生情况的分析,即关注备课中的"备学生"。无生上课时教学活动要充分备好课,才能为无生上课打好基础。无生上课的准备一般包括两个方面,首先撰写一份完整的教学设计文本,即教案;然后,在教案的基础上,设计教学语言。

一般情况下,尝试性和示范性无生上课的目的是为熟练教学内容,或者是展示教学手段的艺术性,需要完整的教学设计作为依据和蓝图,以方便集体学习、研讨和资源共享。无生上课的文本应尽量详细地阐述教学设计内容,充分体现科学性、完整性和创新性原则。

评优、竞赛、考试和招聘等活动,一般选择评比式无生上课。为了适应评优、考试、竞赛和招聘等活动需要,评比式无生上课准备时间和上课时间都有规定。准备时间一般在20分钟左右,无生上课一般限制在10~15分钟。如果按照尝试性和示范性无生上课文本要求,20分钟时间内,根本不能完成评比式无生上课文本的设计和撰写,10~15分钟内,无生上课也不能完全反映常规授课的过程和细节。为了突出教师"教"的能力,评比式说课文本设计应"淡化学、突出教"。淡化学,并不是不呈现"学"的内容,它是相对常规教学的"学"而言的。常规教学教师的"教"是围绕学生的"学"开展的,学生的"学"是重点。

(二)无生上课实施技巧

由于评比式和示范性无生上课教学对象的虚拟性,无法评价学生的学习表现和学习效果。教师应根据教育教学经验对学生的行为进行预测,并以适当的方式呈现、表演、虚拟学生的行为,如采用自问自答等方式,模拟营造出一种教学氛围。应预设学生活动、师生共同活动时的班级气氛,并设计以适当的方式呈现与表演这一状态。无生上课实施过程从简短的开场白,再到上课内容的完整陈述,最后进入答辩环节,每个环节都有技巧可言,下面对各环节逐一进行讨论。

1.开场白语言:礼貌自信,清晰明确,内容完整

活动开场白能够给听众或评委留下第一印象,第一印象影响最后的评分。譬如,某考生课的主教材内容是篮球单手肩上投篮,开场白应该是"各位专家评委、老师大家好! 我是一号考生,无生上课的主题是……。本节课的教学目标是……。老师,我准备好了,是否可以上课,请老师指示!"要注意两个问题,一方面,开场白不要过于谦虚。譬如,"由于时间紧,准备得不太充分,教材不熟练,请老师原谅",过于谦虚的开场白起着负面作用,如果开场就说"准备得不太充分",或者啰里啰唆,显得考生缺乏自信,这样就会给人留下一个不好的印象,或多或少会影响到最终评判效果。另一方面,评委老师没有明确指示可以开始上课,学生自行开始上课。这样显得不尊重评委,也会影响评委评分。目标引领内容,如果不明确教学目标,评委无法评价无生上课教学设计的科学性。因此,开场白应准确表达教学目标。

2.声音语言:语言丰富、针对性强、简明扼要、逻辑清晰

无生上课应根据教学设计,准备好无生上课文本大纲,在无生上课实施过程中,教师要对上课过程进行演练。一堂生动的授课,根据教学目的,教学语言设计应表现出丰富多样性,包括口令、指令、讲解、提问、表扬、鼓励、提示、启发等各类教学语言。口令、指令语言要咬字清晰、语音短促、声音洪亮。表扬和提问语速语调适中。讲解语言针对性强,内容简明扼要,逻辑清晰,语义准确,语调亲切,音量适中且富有变化。鼓励和提示语言声音洪亮,富有感染力。提问清晰连贯,并适当停顿,语速适中。

3.体态语言:眼神表现应该灵活而聚焦,动作姿态有效而稳重

无声上课是上课者与听课者的思想交流,上课者的面部表情、眼神、手势、身体姿态和仪表等身体语言的合理表达,能够达到很好的交流效果。无生上课过程中应该表现出自信,不可表现出慌张、不满、质疑的表情。无生上课眼神表现要注意两点不妥之处。一是无生上课者一直低头念稿子或抬头看前方或者地面,眼神没有任何方向变化,随着教学活动的变化,没有任何肢体动作,呆若木鸡地站在那里。二是无生上课者头不停地左右摆动,目光不停地左右移动,或一直在评委老师座席上流转。无生上课者应根据模拟的上课场景和教学要求,做身体姿态或者眼神的变化,努力杜绝"没有眼神交流""眼神过于频繁""眼神漂浮"三种现象,眼神表现应该灵活而聚焦。"灵活"表现为根据教学活

动的需要做必要的目光和姿态的调整。"聚焦"表现为目光到哪里的时候,要有短暂停留,不能快速扫视。例如,指令学生慢跑到指定位置拿篮球,指令时目光停在虚拟教学对象方向,单手立掌先指向学生跑步路线,然后指向虚拟收纳箱上,目光跟随动作。又如,开场白时,目光应与评委老师进行交流,面带微笑效果更好,体现出礼貌又放松。另外,无生上课者入场要步态矫健,站立时脊背挺直,胸部挺起,表现出自信心;上课时自然站立,两手自然处于体侧,适时配合一些手势动作。无生上课者切不可在整个虚拟的教学场地内到处走动,或者手舞足蹈,头部左右晃动频繁。

4.哨声:及时而准确,手势果断而明确

体育教师吹口哨应及时、果断,通过哨声的长短、轻重、缓急的变化,使学生能分辨出课堂上发生的不同情况。鸣哨后,体育教师的手势要及时,动作果断,明确大方,使学生能分辨出教师的意图和安排(如表6-1)。

吹口哨时,用门齿轻咬住口哨进风口的边缘凸起处。吹长音时,采用胸腹式联合呼吸法,气运丹田,充气量大,口哨声音色浑厚,雄壮有力。吹短音时,要用舌尖紧顶进风口,根据所需哨音节奏,使舌尖有节奏地伸展、收缩,控制口哨的进气量和时间间隔。如哨音需要变化,可以利用改变吹气力度和指压出风口的办法进行控制。

表6-1 鸣哨哨声形式与手势

哨声类别	声音形式	手势
队伍集合	两声长音响亮	横队集合:左手握拳屈肘于左前额,拳心向内,学生按老师拳指高低,从高到低顺序依次横向排列。 纵向集合:左手握拳屈肘于左前额,拳眼向内,学生按老师拳指高低,从大到小顺序依次纵向排列。
练习开始	一声长音响亮	分队练习:两臂侧平举,拳心向下。
交换练习	两声短音响亮	交换练习:臂上举,五指并拢,拳心向前,左右摆动。
提示注意	一声短音洪亮,有爆发力	提示注意:臂前平举,成立掌,指向发生问题的地方或学生。
练习结束	一短一长或两短一长,强音在后	结束练习:臂上举,握拳前倒,指向规定集中的地方。

5.结束语:礼貌自信,简明扼要

开场白能够给听众或评委留下第一印象,第一印象影响最后的评分。同开场白一样,无生上课活动的结束语能够给评委老师最后的印象,直接关系到无生上课评分。譬如,无生上课结束后,要注意两个方面的问题。一方面,结束语不要过于谦虚。譬如,"课没有上好,请老师原谅"等等。过于谦虚的结束语起着负面作用,如果评委老师还没有点评,自己就说上得不好,或者啰里啰唆,显得缺乏自信,这样就会给人留下一个不好的印象,或多或少会影响到最终评判效果。另一方面,评委老师没有明确指示考生可以离开,考生应站在原地等待评委老师的提问,这样能给评委老师留下较好印象,影响评委最后评分。

6.突发情况:反应及时,处理得体

突发事件是任何活动中都有可能发生的事情,无生上课也不例外。大概有如下几种情况,如突然忘词、示范失误、时间不够或时间多了等。活动中出现上述问题,上课者需要做出快速反应,并做机智处理。如果"忘词",应迅速看一眼事先准备的无生上课稿。如果上课过程中穿插动作示范,所做示范未能成功,可以指出自己失误的原因,并重新做一次。无生上课结束提示哨声响后,假如判断"时间不够",无生上课者需要省略部分内容,讲清楚后面重要内容,争取在规定时间讲完。假如判断"时间多了",无生上课者应该在后面的模拟上课环节,展开部分内容,延长无生上课时间,在规定时间结束。

第四节　无生上课教学设计评价与答疑

一、无生上课评价

无生上课成为评优、竞赛、招聘和示范等活动的重要手段,为了公正评定无生上课者的上课效果和质量,需要制定科学的无生上课评价标准和评分细则。根据活动的目标和要求,同行、专家和领导组成评价小组,制定科学合理的评价标准和评分细则。关于常规课堂教学的评价和相关的评价表,各地教学研究机构曾经出台了众多类型的科学的评价指标。质量评价主要包括教学设计、教学实施、教学效果以及教育教学技能四个方面。无生上课有自己的内涵和特点,无法评估教学效果。因此,无生上课评价标准侧重评价教师的教学设计能力和专业教学能力,尤其是教学语言组织能力和动作技能方面的评价。

表 6－2　无生上课评价标准

评价指标		评价标准	评价等级				权重
			优	良	中	差	
教学设计 40%	教材处理	教学目标设计明确具体,体现新课标精神。					0.5
		教学内容把握准确、设计科学,教学重难点突出。					0.5
	教学方法	教法符合教材特点和学生实际,突出教学重难点。					0.5
		学法明确具体,紧扣教法,符合学情。					0.5
	教学程序	新课导入自然、流畅。					0.5
		教学设计安排紧凑合理,能以目标为中心展开,紧密联系教法与学法。					0.5
		知识的引导、讲授符合学生认知规律和运动技能形成规律,突出重难点的有效解决。					0.5
	安全措施场地器材	虚拟场地、器材布局合理,安全工作、器材发放和送还环节设计清晰。					0.5
上课艺术 60%	声音语言	普通话标准。					0.25
		语言清晰、音量、速度、节奏恰当。					0.25
		语言通顺、连贯,音调有起伏。					0.25
		语言表达准确、规范、条理性好。					0.25
		目的明确,主次分明,表达简明,重点适当重复。					0.25
		语言富有启发性、应变性。					0.25
		上课鸣哨哨声的及时性和准确性。					0.25
		能与学生互动交流,学生积极性高。					0.25
	体态语言	服饰整洁宽松,表情自然。					0.25
		眼神灵活而聚焦。					0.25
		身体姿势挺拔,仪表端正。					0.25
		手势与指令的及时性和协调性。					0.25
		哨声与手势的协调性、正确性。					0.25
	动作技能	动作示范目的性强,突出重难点。					0.25
		动作示范具有启发性。					0.25
		动作示范分解与完整相结合。					0.25
		动作示范与语言相结合。					0.5
		动作示范方法正确,要点突出。					0.5
	上课节奏	总体时间把握准确,遵循组织方的要求。					0.5
		教学环节时间分配合理,突出重难点。					0.5

备注:100～80分,优秀;79～70分,良好;69～60分,中等;<60分,差。

二、无生上课答疑

　　提问与答疑是无生上课活动的一种交流形式,其目的在于考察和检验无生上课者的专业能力和综合素养。无生上课答疑成功与否,答案的正确性非常关键,主要取决于教师的专业知识和能力。另外,教师的应变能力、回应方式、交流态度等因素也非常重要。提问者为同行、专家或评委,提问一般都会围绕教学设计的内容展开,包括重难点处理、技能展示或动作技术构成,以及组织教学的疑惑点等等。无生上课者须对提出的问题做出解释,提出自己的设计意图和理论依据。在答疑过程中需冷静、放松、谦虚、礼貌,表情自然,目光与提问老师交流。回答问题时要条理清晰、具有针对性。例如,当听到问题后,可以先用一句"感谢您的提问",然后对提出的问题做出合理的诠释。如果没有听清楚问题,可以请提问者重新说一遍。"对不起,刚才没听清楚您的问题,请您再说一下,可以吗?"如果问题较难,应做出谦虚的回应,切不可一言不发,可以说"很抱歉,这方面的知识我还没有了解,希望得到您的指教"。一般情况下,专家或评委们都会比较有诚意地提出几点进一步完善的建议。考生答题完毕,应向评委明确说:"考生答题完毕!"

思考与练习

1.什么是无生上课? 简述无生上课的特点、类型及功能。

2.无生上课教学设计包括哪些内容? 应遵循怎样的教学原则?

3.无生上课开场白和结束语应该注意什么问题?

4.任选一个体育与健康课程模块内容,进行无生上课文本设计。

参 考 文 献

[1]刁培萼.教育文化学[M].南京:江苏教育出版社,1992.

[2]《教育学原理》编写组.教育学原理[M].北京:高等教育出版社,2019.

[3]毛振明.体育教学论[M].北京:高等教育出版社,2005.

[4]周登嵩.学校体育学[M].北京:人民体育出版社,2004.

[5]刘显国,刘杰.名师说课实录:全国反馈教学研究会二十年获奖经典课例实录[M].北京:中国林业出版社,2008.

[6]于素梅.说课的门道[M].北京:教育科学出版社,2020.

[7]于素梅.上课的门道[M].北京:教育科学出版社,2017.

[8]彭保发,郑俞.微格教学与教学技能训练[M].2版.南京:南京大学出版社,2018.

[9]方贤忠.如何说课[M].上海:华东师范大学出版社,2008.

[10]李继秀.教学技能训练与测评[M].合肥:安徽大学出版社,2010.

[11]郑金洲.说课的变革[M].北京:教育科学出版社,2007.

[12]施小菊.体育微格教学[M].福建:厦门大学出版社,2013.

[13]王鲁克.体育教学技能[M].北京:人民体育出版社,2014.

[14]卢永雪,刘通,龙正印.体育教学技能训练[M].成都:电子科技大学出版社,2019.

[15]金俊.体育教学方法及教学技能探究[M].北京:研究出版社,2020.

[16]唐学良.中小学体育教学技能训练的理论与实践[M].长春:吉林人民出版社,2021.

[17]刘宗南.微格教学概论[M].天津:天津大学出版社,2011.

[18]李莉.体育教学技能与实践操作指导[M].长沙:中南大学出版杜,2006.

[19]杨雪芹,刘定一.体育教学设计[M].桂林:广西师范大学出版社,2005.

[20]王皋华.高校体育教练员基本教学训练技能岗位培训[M].北京:北京理工大学出版社,2009.

[21]郑立坤.微格教学新论[M].西安:西安地图出版社,2009.

[22]张莉琴,陈美芳.微格教学[M].北京:北京邮电大学出版社,2016.

[23]林维秋.微格教学教程[M].哈尔滨:哈尔滨地图出版社,2003.

[24]孟宪凯.教学技能有效训练:微格教学[M].北京:北京出版社,2007.

[25]刘昌友.微格教学与课堂教学技能训练[M].贵阳:贵州教育出版社,2007.